小诗集

部

XIA JI

汪梅珍 / 著

安徽师范大学出版社

·芜湖·

责任编辑:房国贵
封面设计:陈　爽
版式设计:熙宇文化
责任印制:郭行洲

图书在版编目(CIP)数据

远航小诗集. 第一部 / 汪梅珍著. —芜湖:安徽师范大学出版社,2015.2
(2025.1 重印)
ISBN 978-7-5676-1832-9

Ⅰ.①远…　Ⅱ.①汪…　Ⅲ.①诗集—中国—当代　Ⅳ.①I227

中国版本图书馆 CIP 数据核字(2015)第 026835 号

远航小诗集·第一部
汪梅珍　著

出版发行:安徽师范大学出版社
芜湖市九华南路 189 号安徽师范大学花津校区　邮政编码:241002
网　　址:http://www.ahnupress.com/
发 行 部:0553-3883578　5910327　5910310(传真)　E-mail:asdcbsfxb@126.com
印　　刷:阳谷毕升印务有限公司
版　　次:2015 年 2 月第 1 版
印　　次:2025年1月第2次印刷
规　　格:880×1230　1/32
印　　张:14.5
字　　数:368 千
书　　号:ISBN 978-7-5676-1832-9
定　　价:99.00 元

诗园中的小小奇葩

——评远航小诗的诗

苗雨时

远航小诗,在从事小学教学的同时,业余写诗。她的诗多为短小篇什。在诗越学越长的风习下,能做此种持守,殊为可贵。什么是小诗?它的艺术特质是什么?周作人在《论小诗》中曾说:"如果我们'怀着爱惜这在忙碌的生活之中浮到心头又随即消失的刹那的感觉之心',想将他表现出来,那么数行的小诗便是最好的工具了。"远航小诗的诗,正是以灵敏的艺术感觉,扑捉日常生活的点滴和浪花,创造鲜明的意象,感悟人生的真谛,即囊括深长意味、永隽魅力,又话语洗练、体态玲珑,两者合一,成就了它的艺术风致。远航小诗的诗,犹如原野上的野花,浸透着自然之美,迎风绽放,一点点、一簇簇,闪着露珠的晶莹和朝霞的亮彩,不仅悠然,而且沁人心脾……

意象,是诗的基本艺术符号,更是小诗艺术生命的支撑。西方意象派诗歌理论甚至认为,一个诗人一生创造一个独特的意象比写作千百首无意象诗更有价值。远航小诗的诗中意象,多为自然意象,她的生命在四季更替中感应春花、夏荷、秋月、冬雪,以瞬间的心灵悸动,用文字把感性与理性的复合形象定格在纸上,从而焕发出迷人的光影。例如,她写槐花:"槐花在轻柔地飘下/月光下的阴影/正寻找着——/这失落的白色的灵魂"(《槐花轻柔地飘下》),槐花与灵魂融合,便使它葆有生命;又如,她写星星:"荷塘清清/那么多的星星洒落水中""它会在荷塘生长吗/夏天/一颗星会是一朵莲吗?”(《一颗星会是一朵莲吗》),星子幻化为莲花,显得圣洁而又高贵;再如,她写月亮:“你在故乡溪水桥头/就像一叶孤舟”,载不动“我”无限的乡愁(《乡愁》),月牙儿被喻为孤舟,并与“乡愁”联系起来,意蕴深沉。

而诗人写雪的诗作很多,如“冬雪红梅,雪压大地,风吹雪漫”等,但把雪化作“眼睛”和“思绪”,则较为奇特和鲜见:

下雪了
浩浩荡荡
雪是小诗的眼睛
清纯明亮

——《下雪了》

冬雪,万千思绪
化作千丝万缕
尽情曼舞

——《冬雪,万千思绪》

前者是雪与眼的通感隐喻,后者是化无形为有形的延伸。

生命如旅,如歌。在人生的旅途上,每一次驻足,都留下诗的清晰印迹。因为它生成于追寻,来源于追寻中的爱和思,实现于爱和思凝成的话语。例如,她钟情自然,与小鸟对话:在“桃花怒放”的季节,一只小鸟站在树枝上,“那只小鸟说/我要做你的诗行/让你的诗如花怒放//我说/小鸟啊/你还是做我曲中的音符吧/远离世俗,伴我琴声悠扬”(《怒放》);她感恩父母,怀念他们对土地的爱:“一行行秧苗,一行行高粱/组成了诗意的田园风光/父亲看着、开心地笑着/一生的爱意全写在脸上”(《一生的爱意全写在了脸上》)；她在月光下“穿越”雪夜，让“月光洞穿/这千年的思恋//追逐一份沉重的爱/永不停歇(《穿越》)；她期盼和追求：“人生/如今夜的月亮/不求圆满/只为明亮”(《期盼》)；她以“一堵墙”的品性，铸造自己的人格：面对风景与洪水，“一堵墙的灵魂/从不哭泣/心中拥有万丈豪气(《一堵墙》)”；她要像一枝梅那样锤炼自己的风骨：

雪
为梅等候
一枝梅
隽秀
一枝梅
笑到最后
美的极致
纯的敦厚

——《一枝梅》

好的小诗，应该是象、情、理三位一体的，它通过巧妙精致的构思和简洁的语言，而凝结成为真善美的艺术珍珠，做到玲珑剔透而又含蓄隽永。远航小诗的诗中有不少精品，但也并非篇篇都是佳作，也有的浅近，或过于直白，缺乏余味，对此，诗人已有所觉察。艺术的创作永无止境。我们相信，诗人今后会继续努力，在生命的感悟和艺术的探索中，找到属于她的东西，明确个性特点，才能把握方向。我们也期待着，诗人的心灵花絮，绽开得比今天更加绚丽，更加烂漫！……

2013－05－22

河流:大地的灵魂

——简评远航小诗的组诗《河流》

苗雨时

一条河流从大地上流过,也从诗人的心中流过。她以审美的姿态观照河流。你看:河流“奔腾不息”,从“没有停下来的意思”,它滋育了生命,它本身也是生命。河流的生命,裹挟着“膨胀”的“欲念”,在“清醒”与“混沌”之间,从已知走向未知。它是富有的,“河流”并“不孤单”,“它有鱼群陪伴/还有岸边的杨柳、鸟鸣、野花”;它经历生命四季,也有“河流之殇”,清明时节,诗人祭祀祖先也祭奠自己,因为亲人的远逝和自身花朵昨开今谢的悲凉;它走过“拐弯处”,在那里,掀动“波澜”和“旋涡”,一只颠簸的小舟,书写着生命的传奇;它也倾听晨钟暮鼓,“感受慈祥的阳光,享受如水的月光”,山寺中的“香火”,袅袅萦绕,“像灵魂缓缓地飞”;诗人的一切,都“与河流有关”,她的生命在河水中流转;河流蜿蜒曲折,“历经磨砺,风雨无阻”,最终平静为一条“波光粼粼”的绿色之水,归依于蔚蓝的大海……

一条河流,仿佛是一支激动人心的乐曲,弹奏着大地的生命之歌。那么河流为什么是大地的灵魂?河流是自然现象,也是一种文化。它不仅养育了人们的身躯,也滋润着人们的灵魂。河流文化,源远流长,支撑着一方地域人们的生息与繁衍。一条河流——一道生命水,一方文化带,一册历史书。众多河流汇合在一起,便涵泳了博大精深的中华文化。老子说:“上善若水。水善利万物而不争，处众人之所恶，故几于道。”对如此高深的哲学，诗人“无法抵达这条河”，而且感到自我的“渺小”与“虚妄”，但她还是要站在河水中，让诗魂在水中激荡……

远航小诗的诗，多为意象写作，重感觉，主呈现，常以直觉思维进入事物的本质。她善于处理言、象、意三者的关系。她的那些小诗，总是以简洁的语言，创造单纯的意象，表达某种生命的感悟，但体裁较小，而《河流》这组诗，则格局较为宏大。在这组诗中，诗人以河流为中心意象，从各个侧面加以展示和强化，因而伴生了一系列意象。这就使全诗的结构形成了主干分明而又多彩多姿的立体造型，蕴涵了足够的气势和韵味。“言不尽意，立象以尽意。”虽然在诗中，并不是“得意而忘象，得象而忘言”，但在言、象、意的辗转对应中，却产生了极大的含蓄性和暗指性，从而构成巨大的艺术张力。不难认知，在诗人的诸多作品，《河流》是一组较为难得的力作。

2014－08－12

轻如夏风 暗如香兰

——远航小诗作品原生态、多素颜、真性情

逯武君

几年前,在博客偶遇黄梅戏之故里的远航小诗,读她的作品,赏她的诗篇,静品她的诗情画意,可以说,小小的篇章,随意的构图,淡淡的情调,丝毫没有留下我关注的目光。接下来的日子,有机会进一步走进她的诗园,在宛如夏风中领略小溪般吟唱,脉脉中多了几分回想。

远航小诗的作品多以诗歌为主,她的诗看不出章法有度,看不出诗韵惊奇,似乎都是随意之笔、信手拈来之作。读之赏之也不觉得是铿锵玫瑰、雄浑万千,更感觉不出余音绕梁、意蕴悠远,但只有静下心来,仔细阅读,真心咀嚼,方感这是独树一帜的小品集,一方小情调荟萃的诗园。没有阳春白雪的味道,没有浓郁玫香的陶冶,只有在日月的白驹过隙间,在平平仄仄的生活间,她别出心裁地以小曲小调小歌小文,打理并装点着平淡的生活。她的作品是她真实生命的写生,是她对事业和生活与众不同地审视与别样诠解,看似浅浅淡淡,感觉平平常常,其实内涵深远、诗情万钧,只不过没加任何修饰和装点,完全是她自己的素颜风格而已。

出这本诗集之前,远航小诗在网上曾征求过我的意见,不想落如凡俗,不想走沿袭大诗人大作家书章设计的老路,想以日记形式展现,其实,我也很赞赏这一想法,本身她的诗就是自由灵动而自然鲜活的个体,何必再刻意去后天打造。日记本身就很新颖、很随

性、很自然，看似无心雕琢，其实恰好体现诗人的自然诗兴与才华，无论篇幅大小，不管气势如何，点点滴滴、字字句句都彰显诗人的笔墨情怀，于无声处更有情，小诗深处有洞天，独到、特别、自然、清新，代表着她的个性，也尽现她的自然纯真，更能展现她不愿步人后尘的别样才华，让读者更为亲切、更为欣赏！

写诗作文，最高的境界能将自己原生态情怀展现给世界，将自己最本真一面分享给读者，让大家能呼吸到你的气息，能寻觅到你的痕迹，能同频共振，能形影相吊，能冥冥相惜，能长相厮守——轻如夏风，暗如香兰，小诗就是那么的原生态，真本色，有个性，淡淡的、浅浅的、一束束的。奇花仙草自然有她的高贵，但无名的小曲小调也自然有读者与观众，无名的小花盛开在民间，而且非主流非专业，如同抗击寒风的腊梅，长在西域高原的格桑花。

花开陌上，无需雕琢，她的诗不用大整改，无需大手术，如同十月分娩一样，自然天成比什么都美好。人为地为其分娩，刻意地去整合或是雕琢，真担心会让诗歌元气大伤，影响小诗带来的先天福禄，使诗的寿命缩短。我之浅见，还望作者与编审好好沟通与斟酌吧。

远航小诗，顾名思义，本身就是远航，就是极具动感的元素，与小诗先天组合，极具艺术色调，不仅要体现小，体现远，体现诗，还要体现航。在行走中写意，在生活中抓拍，在点滴中汲取，在诗意中感受生活，在诗情画意中芬芳属于她的世界。她的诗永远是自然的流派，永远是暮春的纤风，是天空最悠闲的最弱小的云儿，看似不起眼，感觉白开水，平淡最是神奇，平凡最是伟大，高处不胜寒，打造最自然、最清新、最写意的真文字、真品格、真性情，还有什么比这还超脱吗？当然了，她有的诗过于原生态，过于浅色调，过于自然化、随意化，如能略加斟酌一番，深刻打造一番，观赏性与艺术品质会更好。

她的诗,就是她的品格,她的文字就是对她的最好诠释,在自然平实的生活中,芬芳属于自己的那份淡淡馨香。

时间关系,不做具体赏析和点评,说到说不到多加原谅！希望不断进步!

2014－08－17

目　录

卷一

诗的诱惑

——远航小诗日志 2011

致诗人乔光福

你的步履
留在了三尺讲台
为了责任
你甘于寂寞
教学出了成果

诗的诱惑
纯美的诱惑
逼出了你的灵气
于是你有了
芳香人间的诗作

你像枯枝梅
没有花开的日子
你有温馨的绿叶
你笑得泰然
你有了精神上的收获

2011－01－01

大白鹅

大白鹅
你昂首的姿势
告诉人们
不必为人生的失意叹息
你用红掌悠然地拨着清波
不是嬉戏
是在谱着前进的乐谱
惬意

2011－05－02

夜

夜如水
夜如生生不息的溪流
我生于黑夜。我喜欢欣赏
夜空中那风和云的奔流
我爱夜，看着风和云被夜埋葬
我知道这一切都无法挽留……

（本诗原刊于《新文学》2011 年第 12 期）

一生的爱意全写在了脸上

夕阳下
我和父亲赤足走在田埂上
感受原野的芬芳
欣赏天空的蔚蓝
还有那——
跑得跌跌撞撞的云霞
抒情的燕子啊,你真不简单
你把最美的诗行写在了天上
务实的农民啊,你们最顽强
你把诗行撒在了大地上
一行行秧苗,一行行高粱
组成了诗意的田园风光
父亲看着、开心地笑着
一生的爱意全写在脸上

(本诗原刊于《新文学》2011 年第 12 期)

夜

夜
虚幻
疯狂
肆无忌惮

夜幕下的梦
粗犷
豪放
我醉倒在夜的臂弯

2011－07－13

独　白

多少年了,我走向你
沿着虚无的河流
穿过网络的虚空
你已沉睡得太久
多少年了,你闪烁在宇宙
你在我的心灵深处
自由自在地游动
你,在等我
等我来开拓你的空间
宇宙的,心灵的

(本诗原刊于《新文学》2011年第12期)

七　月

七月，凉爽
很少见到阳光
天空中总有云儿飘荡
云深处，堆积了迷茫
她在白天与黑夜的空白处
惊奇地仰望

2011－07－15

桃　树

桃树，立在家乡
历经沧桑
花儿开，花儿谢
蓓蕾挂在枝头
这么多年
牵动着游子，检阅着时光

（本诗原刊于《新文学》2011年第12期）

股　市

有时,你像一朵花
美丽纯洁温柔
有时,你是屠宰场
望着你,凄凉袭上心头

我想把你置于
茫茫大海,像海鸥
愿上帝保佑你
在空中,顽强又风流

股　民

股票急速下跌
你像受伤的大雁
哀鸣地飞过
血滴落地面
心破碎,夜无眠

无　题

秋天，树的枝头
挂满我干枯的思想
树下飘落着的
是枯萎的童话
蜻蜓、蝴蝶、小鸟
都来参加殉葬

2011－08－13

冰　山

那是一座冰山
我们望着它
眼光是热切的
却不见它融化

冰山，遥远
我看它似乎有门窗
可是，未曾打开过
雪莲花仍开在冰山上

爱

一朵白云在飘动
忧伤、洁净

注视她的是星星
透明、亮晶晶

风在空中,偷偷的
吻了她的眼睛

这些全装在爱神
丘比特的眼睛

秋

空中一览无余
秋,斜斜地躺在河水中
没有音乐的伴奏
一腔热情潺潺流,谁懂

空心看世界

蜻蜓在草尖上飞舞
遗憾，风永远打不败它

小生灵的生命顽强
令人欣赏

我在观雨
发现一条鱼
在河里逆流而上

心中正感慨
一滴雨在我手中开花

生命如花

生命如花
我们都要珍爱她
从一个微笑开始
亲爱的，你看
那只鸟从空中飞过
多么从容，多么潇洒

诱　惑

夜已深,起风了
望天空,有蓝色的诱惑
还有淡淡思恋的味道
远处草坪上,萤火虫在闪烁

夜

树叶上
草丛中
滚动着夜的泪珠

夜的一只眼睛冷漠
另一只眼睛热情
我感觉到夜的孤独

黎明,你
为了一片璀璨
驱赶着夜的虚无

独享清纯

夏
悄悄潜入秋的梦境
风
试了试锋刃
试图将夏与秋
好好分清
我在夏与秋的空白处
独享清纯

雨　中

风斜斜地刮
雨斜斜地下
我打着雨伞
在雨中潇洒
雨溅湿了我的衣裳
索性，我收起伞
让雨淋个稀里哗啦

我的梦

“你有一个梦
做到几时醒”
我的梦
还留着昨日的温馨

我的梦
醒来时应是清晨
阳光伴着美梦
飞奔

昨日的朋友
曾与我一同做梦
现在在哪
为何还没有音信

这个雨季

（一）

这个雨季太长
忧伤伴着忧伤
那风中摇曳的桂花
也没有芬芳

有更多的人
走在大街上
我在自己的世界里
怎么也走不出忧伤

（二）
好想
带着梦
走天涯

好想
在秋雨中
让梦发芽

无奈
只有在秋雨中
捡拾旧时光

（三）
夏
左顾右盼
还是退出

秋风伴着秋雨
把心掏得空荡荡
只有虚无

（四）

梦逐渐远去

迷失在这个雨季

搁笔

走进现实

我轻快地走着

绿色的风

伴着金色的阳光

摄下了……

大街上繁华、喧闹

广告牌和我

我轻快地走着

那流行音乐的旋律……

在我心中柔柔地滑行

2011－09－04

影子的故事

（一）

我与晨光一起奔跑

东方升起火红的太阳

影子从我体内呼呼奔出

迎接阳光

影子在奔跑

走过荒凉

走进繁华

（二）

我的影子

喜欢阳光

热爱光明

有时也很浪漫

月光下的影子

充满旖旎的幻想

秋月下

影子在弹奏圣洁的琵琶

一首小诗开在一朵菊花上

影子很感动

那也是一株奇葩

（三）
影子
也在灯光下摇晃
喧闹中
影子不会独自闯荡
她跟随主人
与另一个主人的影子并肩做伴
走过繁华，踏上幽径
去一个叫桃花源的地方

仿佛我是一尾鱼

窗外
如水的月光
一泻千里
银光闪闪
月光下的美景
静美，不是虚幻
很可惜
我不是画家
我只能
忘情地欣赏

月亮啊
我不懂你的情感

可是，此时
我心中掠过一丝惆怅
仿佛我是一尾鱼
在月光的河流里流淌
偶尔，左突右突
找不到方向

缘来缘去

我被夏推了一把
跌入秋
于是，我的小诗
在纸上飞舞
于是，我的爱
有音乐伴奏
尽管，一切都将逝去
我将潇洒地挥一挥手
缘来缘去

陶　醉

天空——
那么多的云彩
明净，神奇

我伸出手
感受灵气
在朝霞中陶醉

桂花树

没有风,没有雨
在月光下,在阳光下
你在自己的影子里站着
飘飞碎小的黄花
十里之外
也能闻到芳香

一颗种子

有一颗种子
种在我的心上
不是欲望,是宁静
她在心湖里悠悠流淌

这扇窗

这扇窗
洒满阳光
这扇窗
月亮在窥探
这扇窗
幸福在窥望
这扇窗
寂静,温暖
这扇窗
让我忘记忧伤
今夜,我兴致勃勃
……走月亮

趣　事

菜市上
打鱼人的鱼篓一倒
螃蟹撒落一地
行人发着牢骚:
“这路没法走了
你瞧,这群螃蟹张牙舞爪”
有的打趣地说:“朗朗乾坤

岂能让它招摇过市、横行霸道”
不知谁在高喊：
“踩死它，踩死它”
人群中一阵哄笑
老实的打鱼人一言不发
收拾了螃蟹，让出了过道

夜　空

夜空——
风儿望着云儿
云儿望着风儿，很惬意
相视良久，
最终，落入庄周的梦里

浓荫下，响起风铃

仿佛十分遥远
却又感觉这样亲近
网络世界布满浓荫
浓荫下，响起风铃
一往情深，动听
友情在键盘上奔涌
渐行渐远的是迷惑的情

文 字

湖中的微波与蓝天相遇
深深的蓝,深深的蓝
文字有时深沉、忧伤
神秘,也会有波澜
词语在心中翻腾
只会絮语,不会呐喊
词语在展翅
向着天空飞翔
途中会经过火焰山

2011－10－01

雨中观雨

雨一直在下
闲时看雨
想起小溪里的鱼
那些鱼顺流而下
又逆流而上
游来游去
悠闲、自由,吐着水泡
有时也相互拥抱
有时也跃上水面

探望新奇的世界
更多的时候
在水底畅游、相互交谈
有时呼喊着,尖叫着
喜怒哀乐弥散在水中……

思

皱眉
思
我在尽力读懂每一片落叶
凝视
串起
一幅幅美妙的回忆
只是:秋天快去
　　　冬天将至

重阳节,我没有登高

重阳节,我没有登高
父亲先给我打来电话
老公已捷足先登看望了父亲
今日,我安静地伺候我的菊花
今生,我走不出父亲慈祥目光

怀旧书包

香樟树
此刻,你正安静
可以安放我小小的忧愁
你看,秋风去了,秋雨去了,好清静
我在香樟树下,正擦洗我的怀旧书包
那是母亲为我亲手缝制的

凝视岁月

老树的叶子纷纷落去
我凝视岁月
岁月无形的手掌令人心跳

童年远去,青春远去
风在嘲笑我的渺小
我只是岁月中一只小羊羔

舞曲《碎心石》犹在耳畔

草黄了,草枯了
朝阳下

蟋蟀在弹琴
蛐蛐在歌唱
晨曦中,我在奔跑
石子被我踢翻
舞曲《碎心石》犹在耳畔

小蝌蚪找妈妈

一只小蝌蚪
颤抖着瘦瘦的青春
蜷缩在残荷下
沉思,好清纯
找不到妈妈吗

此时,守护你的是
荷花仙子的灵魂
她直视你忧虑的明眸
思虑你的身心
在帮你找妈妈

露　珠

夜闯入你的领地
想抓住你

你溜进翠竹
留下晶莹的梦,很美很美

河　流

夜,静谧
月儿还在那里
我走进夜里
仍相信月儿的魅力

河流
我在静静地看你
而你伫立
看月光流淌
这是一个有思想的夜

秋　叶

秋叶,你
静静地伫立枝头
蝉儿曾经恋过你
如今已离去
只是小鸟常来光顾
你想随风而去

风儿说
你不适合远游
大地才是你的去处

空心菜的忧伤

空心菜哭了
在月光下
风的飘逸
风的优雅
在身旁柔柔的
触手可及，虚幻……

红金鱼

红金鱼
在跳着现代舞
你们从唐朝来的吧
穿越时空好自由
不错，学学现代舞
伦巴、拉丁舞

2011－11－01

一只小鸟

昨夜,它在月光下
读一本小说
陷进蓝色的火焰

今朝,它在阳光下
独自睡着,枕着绿叶
养好精神,准备去追赶天空中的大雁

独享夜的迷蒙

单纯
搂着想象入梦

诱惑
在梦中敲门

我不去理她
独享夜的迷蒙

雪

冬天终于把雪
种在南国的大地上
雪的灵魂袒露在旷野
纯洁,善良
如置身北国
念想英雄的潇洒

2011－12－01

悟

这个世界
让我大彻大悟
种瓜得瓜,种豆得豆
生活中哪会没有风雨
理想的路
挤满,无法插足
我只有无奈地
迈向无人向往的小路
在幽静的路旁
盖一间我栖身的小屋
静静地　静静地
沐浴迷雾

安静地　安静地
思前想后
等我彻悟
我会写一部书

天使和魔鬼

阳光下，我体内
跳出两个死对头——
天使和魔鬼

天使娴静温柔
她唱着人间的美好
正在翩翩起舞

魔鬼头上长角
身上长刺
怒发冲冠
龇牙咧嘴
谁碰上
谁都会伤痕累累

天使和魔鬼
同时迷上了我的影子
附着我的灵魂

实话实说——
我亲近善良秀气的天使
躲避丑恶的魔鬼

最近,我对她们有了新的看法
天使也虚伪,由于她的引诱
我进入股市……
近几年,沉沉浮浮
一言难尽,亏得一塌糊涂
魔鬼也真诚,他告诫我
股市有谎言……
那是一个大鱼吃小鱼
小鱼吃虾虾的世界
一言难尽,别贪别恋,离开

父亲

父亲钻进酒壶里
打捞旧时光
反复咀嚼
烂谷子陈芝麻
说母亲当年想甩掉他
他一口气追到外婆家
感谢仁慈的外婆
感谢壮美的大山……

风　雨

丝丝细雨，串起
尘世中的男女老少
似五线谱。风弹奏起
一支悠扬的曲调
清新、怡人
还有怀旧的烦恼

今天，我不仰视天空了

今天，我不冷
我身上冒着热气
是我无意中藏起了冬
还是……
今天，我不仰视天空了
我执着地俯视大地

卷二 寻梦人轻吟浅唱

——远航小诗日志 2012

寻梦的人站在雪地里

再见，慈祥的炊烟
再见，瑟瑟秋风
寻梦的人站在雪地里
轻吟浅唱，所幸
她再次与小河相遇
这条河流，洁净
这条河流，如镜
这条河流，温馨
她喜欢在小河里
看自己的倩影
寻找内心那份宁静

2012－01－01

随　想

（一）

当冬
潜伏到一首诗中
需要温度
那么，让词语触摸太阳
燃烧起来
为冬天而歌

（二）

冬夜

我允许

我的影子离开我

在宇宙中

飞……

夜

夜，安静

月光闯进窗

捕捉我的影子

我默默无语

任由她去

你看，月光下

我的影子

逍遥在岁月之外

夜孩子

我曾悲愤地走进夜

一身正气，豪情万丈

哪管夜里——

妖魔鬼怪的嚣张
我不怕夜的黑
我更希望夜空中星光灿烂
哪怕是一束光
也会使夜的幽灵心惊胆战
当我走进夜雾中
发现四周是缥缈的影子
我只是一头雾水，没有害怕
夜风轻轻告诉我：
那些影子是天空遗弃的夜孩子
我第三只眼睛发现，夜孩子一个个眼泪汪汪

我看到了季节的忧伤

没有风，没有云
只有骄阳
小河干了，我泪眼模糊了
夜晚，银河边的星星亮闪闪
一颗星，有多少神话
一场雨，需要多少云朵酝酿
我看到了季节的忧伤

朦胧的梦

梦中
落叶在飘
黄金漫山遍野
鸟儿的情歌
唱红了半边天
我朦胧的梦
装饰了朦胧的夜

岁末的悲哀

（一）
雪
静静地到来
寒冷
历经苍白
钻进
我哀哀的胸怀
我无法绕过
一座山的悲哀

（二）
我无助时

世俗在尽情夸张
一个声音来自天堂
人到无求品自高

我的小诗
扇动着翅膀
向最高境界飞翔
不知何时才能到达
时光没有回答
只是默默地流淌

(三)
火炉旁
说着老掉牙的童话
凝视很久以前的玻璃窗
鞭炮唤醒那沉睡的雪山
结冰的河流寒冷异常

(四)
寒冷在路灯下兜圈子
夜行人匆忙而过
影子一再纠缠着往事
风大了,夜迷惑

哀　思

（一）

岁末，送走了父亲

太阳已西沉

心空空

一座大山远了

高耸的楼群

以及楼顶一群群飞鸟

唱着哀哀的歌

大风却将哀歌

从小城推入山峰

（二）

父亲，今晨我在家

寒冷异常

我不开暖气

父亲，今晨我只有眼泪

红梅伴雪舞

天使雪潇潇洒洒

从空中、从宇宙飘来

飘向尘世

飘向一团火
一团燃烧正旺的火
她飘着，飘着
不缓，不急
和那一团火相拥跳舞
人们都在赞赏——
这圣洁的舞蹈
这冬天的童话

云的旅行

云在空中漫游
飞，飘……
云在空中尖叫……
以风的名义奔跑
以雨的名义哭
未曾停

此刻，我望着天空
见证云的旅行
此刻，我感叹
时光被穿越
充满无限柔情

熟睡的女人

脱去兽皮的痛
梦的美女,你正以夜色疗伤
伤好了,飘上天空,融入白云
那么多的星星,还有月亮
你就不会心寒,你就不会孤单
多美啊,你还可以随风飘荡

道　路

一场雨
泥泞了道路
天空悄悄拍摄了
它的身影
打马而过的人们
历经艰辛
或深或浅留下的
是刻骨铭心的脚印

睡 莲

绿色的梦
绽放一池美丽
一朵朵睡莲
拉起手来,只争朝夕
风和睡莲轻轻私语
一池的柔情,芳香四溢

风之花

我想,给漫山的小花
起个名字,叫爱
喊一声她就会回来
像这位飘逸的女神
多么美呀
你是风之精灵,花之灵魂
你采了那么多的爱
揽在怀中
你,裸足恋爱
醉了风 ,醉了大地
醉了尘世的陌生人

2012 – 02 – 02

夏天的池塘

这是……
怎样的一个池塘
绿和绿激烈碰撞
模糊了我的思想
恍惚中,我听到
春和夏亲密畅谈

黄昏,雨后

绚丽的晚霞
被雨洗过的天空
亭亭玉立的一棵棵大树
孤独的小鸟……
构成了黄昏雨后的风景
还有那一摊积水
我看是个陷阱

林间小道

林间小道,伸向远方
教堂的钟声敲打着乡村的宁静

空中的云彩——
检阅着精神抖擞的树林
乡村田园生长着金黄的稻谷
喂养着城市的居民

乡村的茅舍
有最美的风景
你瞧——
茅舍里的女人楚楚动人
给游子送去千丝万缕的温情

赤足的托尔斯泰

你赤足站在大地上
身后是幽静的树林
你痛苦地捂住胸口
为世间受难的灵魂
压住风暴吧
唤醒人民
深夜的血稿上
有你深沉的呼声

沉睡的丰收女神

我不说爱
不说风花雪月
不说耕耘
不说播种
我只沉睡
在丰收之后

护林人

彪悍的护林人
坚毅的脸庞,锐利的眼睛
他是最优秀的战士
手中的棍棒吓退暴力、蛮横
他有非凡的气质
像正义的诗人
吟诵美德
呵斥罪恶的灵魂

油纸伞

感慨,这么多人
怀念油纸伞
这么多人喜欢……
那雨巷丁香幽怨的情怀
多年以前,父亲
从姑苏城带回一把油纸伞
现代版的,也很古色古香
我没舍得给孩子玩
让她躺在书橱里,与书为伴

雨对岩石诉说

雨从天而降
在岩石上开花
不知岩石——
是喜欢还是忧伤
雨说
我是菱形的月亮
吞噬无边的黑暗
滴滴答答,滴滴答答
我为岩石歌唱
我还会水滴石穿

爱你，并让你受伤
你还敢——
漠视雨雪风霜吗？

无　语

春风、春雨
去赴一场约会
春雪如昙花
在墙角里哭泣
毫无来由的寒冷
突然袭击
我与北风在园子里擦肩而过
无语

难解的题

早晨，湿漉漉的心事
飘在浓雾中，战栗
沿着风的方向
有一道难解的题，搁置

2012－03－06

一滴雨

一滴雨
也会落在心上
沉淀
或开花
有时错觉
朦胧、异样

混林,纳尔瓦附近的施乜茨克

这里
季节即将泅渡
欢乐的色彩窃窃私语
那些炫耀的虫鸣、鸟语
伴着清澈的溪流
牧童的柳笛,醉了
随心所欲的群鱼

(本诗原刊于《文学月刊》2012 年 8 月号)

我不是公主

人们都喊我公主
我住在城堡里
每天望着窗外发呆
当我今天终于走出来时
我奔跑,我把蓝天、白云
以及鸟语花香,全融化在眼里
我从心里喷出一汪泉水
令春天惊喜
春天,多姿多彩
春天,多么神奇
瞧,那么多的野花肆意开放
漫山遍野,我弯下腰与野花亲密

一场雪

一场雪
拉近了我和你
红尘中
注定有一份惊喜
我的小黑狗也陶醉
我正在酝酿一首小诗
小诗里没有春天的情怀
小诗里一定有你的呼吸

山林的瀑布

你那么执着
倾泻自己的快乐
把爱
给了厚重的山和林中的松鹤

乡　愁

月下
你在故乡溪水桥头
就像一叶孤舟

身后那一池碧水
有鱼儿在畅游
你的惆怅触动了我的乡愁

（本诗原刊于 2013 年 5 月 30 日《桐城报道·副刊》）

我把一首小诗藏在世外桃源

我把一首小诗
藏在世外桃源
那三月的燕子

以及画眉、蝴蝶
一遍又一遍地寻找
直到桃花展开笑颜
于是，风把小诗复制
散给这风情万种的春天

我听见山间铃响

我听见山间铃响
我看见林中的白桦
闪耀着——
金子般的光芒

我听见山间铃响
我看见林中的白桦
闪耀着——
深刻的思想火花

雪精灵光临山村

雪精灵
光临山村
絮絮叨叨
一层又一层

诱惑人间
这也许是唐朝的雨
抑或是宋朝的露
也许是前世的狐
续今朝的缘
销魂
那些飞翔的雪鸟
尽情地喊吧
喊出大树彻骨的疼痛

雪山上的月亮

雪山上的月亮
近来夜夜高挂空中
瞧,她穿云破冰
成了龙宫的路灯

油菜花开

千里鸟鸣已铺开
这无边的喜悦
这无边的金色
这真正的春天
那些寒风中得意的小妖们

已滚出季节的边缘
记忆中有无边的疼痛
记忆中也有无边的思念
如今，寂寥的小兽们
无法抵挡这金色的春天

心灵的去处

一声鸟鸣划过夜空
在山谷中久久回荡
溪水一路张望
月光下，云雾缠绵山岚
绿，银光闪闪
大自然欣欣向荣，蓬勃向上
你参禅打坐，融入自然的风光

窗　外

窗外，风舞着万紫千红
那声声鸟鸣书写着壮丽的青春

2012－04－01

两片云

时常见到两片云
越飘越远
有时,也越飘越近
它们同时出现时
勾起我的联想
我想到它们到来的意义
还有那两片云之中,突然
毫无来由地跑来小小的一片云
而后,它们紧紧地拥抱
憎恶那风,它在空中任意开拓疆域
将云吹得无影无踪

夜

夜,虚无的梦境
飞奔。快速回到从前
父母、哥哥、妹妹和我,快乐萦绕堂前

梦醒
这狡猾的夜
我听到风雨气势汹汹

鸟　鸣

鸟儿
追赶几朵白云
鸟鸣
遗失在大地上
飘……

风啊，雨啊
低下头
把大地横扫
我发现——
鸟鸣
伴着树林和青青的草

果　园

灵动的小鸟折叠着秋
乘着微风
扇动翅膀
在这个宁静的早晨
悄悄地来到果林
秋色骤然成熟起来
从鸟语里
流出秋的宁静

小　鸟

超越自我的小鸟
飞翔……飞翔……
在自由的空间……
它乘着风
带上我的向往
飞向春天

山中一景

青松似雄鹰
立足山峰
展翅空中

仙亭似故人
听泉水
朝朝暮暮出神

松亭观泉

点点闲愁
千丝万缕

缠缠绵绵化作雾
满山谷

一段真情
风风雨雨
轰轰烈烈化作瀑
到白头

我望着大山

山
生长云雾,随心所欲
水
滋生游鱼,有趣
树林
飞出鸟语,欢愉
我望着大山,心生迷雾
像那一叶孤舟

翠　竹

露珠
又一次把翠竹点亮
月光下

还是昨日的辉煌
一些枯叶消逝
生命还是那样顽强
小鸟依旧来访、歌唱

把春天托在掌心

春天在我心中
我把她吐出来,托在掌心
风轻轻地吹
这个春天,我在远行
这个春天,我在祈祷
这个春天,我两手空空

美　吧

我心颤了
一条青蛇沿湖边柔动
就在我身边
只几秒钟,我回过神
那是岸边树藤的倒影
此时,天边飞来一道彩虹

一只青蛙

一只青蛙总想对人表白
但又怕越描越黑

有一天
它终于鼓足勇气
呱呱呱，呱呱呱

头顶飞来一群乌鸦
混淆视听
那只青蛙一声长叹——
人们永远不明真相

一个人的旅行

一个人的旅行
累了，歇息
天空变化无常
大地有时也无奈喘息
我把形而下安放于蓝天
寻觅一碧湖水
我把形而上安置在大地
那是一片净土，圣洁

（本诗原刊于《世界华文作家》2012年第3期）

埋葬黑暗

月光啊
别浪漫啦
瞧，乌鸦在挖坑
哇哇，哇哇……
想把月光埋葬

梧桐花开
笑声朗朗
休想，休想
明天阳光更灿烂
明晚的月光会更亮
乌鸦，你挖坑吧
只能埋葬黑暗

梦中的妈妈

——写在母亲节来临之际

窗前的月光
温暖
我如诗的妈妈
在天堂
梦中——

妈妈的琴声悠扬
她正穿越千年的月光
把孩儿深情探望

2012－05－11

窗前的小画眉

天色陡然暗下来
小雨滴答,滴答
两只小画眉斜飞而过
唧唧,停在树上
跳动……
拍着翅膀
继而,相互依偎
多么温暖
我坐在窗前,注视着
画眉柔柔的融入我的心房

随　感

你瞧——
那片云似骏马
奔放而不会脱缰

你看——

你的前后左右
都是梦幻

暗夜
噩梦
风还是潇洒

鸟儿真多……

这个夏天
鸟儿真多
林子大了
什么鸟儿都有
挑拨离间的
高傲自大的
神思妙语的
忧郁无语的
麻木不仁的
不屑一顾的
天天快乐的
…… ……
有树林,鸟儿们
就有了依靠
太阳晒不到
月光淹不死

唧唧,唧唧
啾啾,啾啾
咕咕,咕咕
呦呦,呦呦

这个夏天

这个夏天
不居住忧伤
雨
诗意挥洒
小草雨中沐浴
干净,漂亮
荷叶上
青蛙王子静静参禅

(本诗原刊于《你我她》2014 年第 2 期)

日环食这一天

日环食,我没看见
日环食这一天
天晴一阵,阴一阵
嘿,我遇见古人了
一个自以为是

另一个口蜜腹剑
还有一个初一十五拜佛
天天挑拨离间
哈哈……
千万别来我们中间
我们要的是高尚、纯洁
日环食这一天
我们怀念童年

那一夜

那一夜,我成了神笔马良
画出了诗意的天空
雨
正洗净前世的风尘
风
带走匆匆而过的蹄音
一朵,两朵,三朵……
那么多的雨花开在空中
五彩斑斓,顷刻
深入骨髓,滋润灵魂
大地上,花香蝶舞
空中飘来天籁之音

走在初夏

(一)

匆匆行走中
撞上一棵大松树
有点惊喜,有点疼
不知大树疼不疼

(二)

月光正在播种
我临窗痴痴地看
她会开花,她会结果吗
我痴痴地想
这个夜晚好美
我的文字格外芬芳

(三)

那是海市蜃楼
我一直这样认为
可是,她的美真真切切
令人窒息
她邀请我,我拒绝
我一直认为,那是海市蜃楼
不过,我还会经常关注她
甚至,想幽居其中

海市蜃楼
那可是一幅优美的山水画

2012－05－24

时光飞逝

时光飞逝
一曲《年轻的朋友再相会》
呼唤少年的梦想
唤醒曾经的渴望

风缠绵
月缠绵
是谁又在弹着吉他
那是美的畅想

青青杨柳
散发着芬芳
一窗风景画
那是初春的童话

我们都是……
岁月河流上
一朵朵小小的浪花
生命的色彩
充满着智慧和力量

时　光

撕去一页页日历
日子被撕得黯淡无光
伤痕累累、支离破碎
时光啊,别跟我较劲
你和我一样,终将老去

海是歌手

海是歌手
音色美,音域宽
她的歌声越过了天空
海风海浪是海的思绪
没有重金属音质
有海鸥伴舞,气势雄浑

我的清晨

(一)
夏和春相拥道别
难分难舍,情意绵绵
晨练的路上

鸟鸣膨胀,云雾倾泻
我锐利的眼睛洞穿云层
发现一个灵魂灰头灰脸
顷刻,我大脑一片空白

(二)
跑步,跑步
身子没瘦,思想在瘦
燕子啊,我在夏天里等你
没有你,我真的很失落
你的翼翅在切割云层的同时
也来梳理一下我混沌的思绪

风　儿

山高水深
风儿隐匿其中
她悄悄踏过林中灌木丛
轻轻,轻轻,怕惊动夏虫
松树在悬崖旁,迎风而立
小溪里有它挺拔的倒影
小溪里鱼儿畅游
——孤舟远行
松树下,有过许多有趣的故事
此时,头顶正飞过一只鹰

风儿看着、想着
不知自己是该停歇,还是该远行

屋顶上的少年

屋顶上的少年
我看不清你的模样
天空云在燃烧
你是想飞吧
飞到天空火烧云里
那里有你闪亮的梦想
你是要一架飞机
还是要一艘飞船
我给你一阵清风吧
助你热烈的闪光
可是今天
你要把一切都放下
和小朋友们一起过六一儿童节
把欢乐写在大地上

2012-06-01

五月，我没有沦陷

我可以原谅你，北风
我遇到了太阳，十分温暖
我遇到了刚刚诞生的四分之一的月亮
五月，我没有沦陷
我心里蓦然长出了青青的六月桃
和你有关的信息

忧　愁

雨一直下
迷茫
溪水淙淙流淌
那雨中的音符
有点伤感
夜
喊出惆怅
面对汹涌的心河
我带着忧愁泅渡

红金鱼

你躲在——
自己的小天地里
喝水、畅游
谁也不理
你看不到污秽、听不到喧嚣
我经常给你换水，还为你添食
鱼缸里洒满我温暖的词语
那也是一首首纯纯的小诗

无　题

夜空深邃
满天的星星都在参禅
小草上的露珠
可是天上星辰下凡？

我是你一生最重的行囊

一路走来，相濡以沫
往事如烟，有月光下的促膝畅谈
有珊瑚边美丽的碰撞

有风浪,有诱惑
历经沧桑,有你相伴
红尘路上——
我是你一生最重的行囊

葡萄干

时光匆匆
瘦了你的青春
甜蜜酝酿其中

我——

我以游鱼的姿势
贴近大地
倾听大地的心音
倾听季节的拔节声

夏季,热浪汹涌
鸟鸣升上了天空
我紧紧握住小花
拥抱洁白的花魂

一根藤上的瓜

一根藤上的瓜
有先长大的,有先成熟的
有先枯萎的,有在流血受伤的
一个瓜不能替另一个瓜忍受疼痛
一个瓜也照顾不了另一个瓜
好悲伤,好悲伤
除了心疼,还是心疼
除了悲伤,还是悲伤

生活就是这样

今天,纸风车会转吗
不可能,不可能
你瞧,风平浪静
除非你奔跑,才会转动
生活就是这样
除非你会画龙点睛

伞外那些飘忽的云

伞外那些飘忽的云
汹涌
放下所有的斯文
攻城

城
那是云所钟爱的城
不管初春的风
是如何融化薄冰
不管往日的雨
是怎样销魂

今日
伞外那些飘忽的云
正在搭着云梯
准备攻城
哪怕是一座
坚不可摧的城

夜

夜空
湛蓝,宁静
没有往日的风起云涌
整夜,我沉浸在
这如水的月光中
让我邂逅你——
我思念的微风
你来来回回,摇晃我的影子

六　月

六月
农民正收获庄稼
如火如荼
我也很顽强
专注地打磨时光
时光如磨刀石一般
我让磨刀石开花
开出幽兰
开出月光

叹

泉水,清如许
不怕山路崎岖
背负着爱向东流去

正在疯长的艾草
见证——
爱又一次踏上归途

一弯新月

一弯新月
朦胧
艾草随着小夜曲
低吟
且摇摆着幽雅的舞姿
呵呵,这不屈的灵魂
汨罗江,掀起彷徨的波浪
似潮湿的火焰,腾空
此时,月光倾城

(本诗获桐城网“孔城,紫来花园”杯端午征文活动优秀奖)

夏——

当季节的衣服一层层脱去
只剩下短衫
夏,就来临了
仲夏,阳光掀起热浪
向日葵绚烂
开在阿波罗的心上
艾草的香味弥漫
青蛙、蝉儿粉墨登场
神州九号升空
与天宫一号亲密交谈
夏,弹着琵琶
激情飞扬

走进夜晚

走进夜晚
亦如走进了繁华
那满天的繁星
格外的明亮
夜空如一本深奥的书
当这本书缓缓打开,文明灿烂
当悠然地合上这本书,天籁之音传来
那时的夜空,又似音乐的殿堂

醉　了

栀子花,你
痴迷地开在枝头
我在月光下痴痴地读你
醉了

你在风中纠缠不清
暗香浮动
我在风中痴痴地吻你
醉了

你拥着沉甸甸的夏
不愿说出自己的爱
我尽管迷惑不解
还是醉了

昨夜的星儿

天气预报又一次失灵
昨夜无雨
一弯新月空中高挂
静静,无语
星儿生出莫名的相思

集体逃离天宇
又一次神游地球
在花草树木上，幽居

给心灵放个假

长长的假期
给心灵放个假
徜徉文字的海洋
随波逐浪
文字的风景里
都与你无关
想到这
我的鼻子很酸很酸

落地而生的雨

沙沙沙，沙沙沙
哗哗哗，哗哗哗
沙沙沙，沙沙沙
……
这雨由小而大，由大而小
这雨落地而生，生出许多希望
诸如麦穗、稻谷、高粱

这落地而生的雨
也会生出许多尴尬
也会生出许多彷徨
她站在窗前观雨,久久的
她屏住呼吸,心被牵动
立在那里,成了一道风景

看风景

抱一卷峥嵘的山水,深情
不去看那天空飘忽的云
只看你用一支神笔
把山水绘成透明的风景
飞泉声,桃花水
醉了尘世看风景的人

新　月

夜把新月复制
那么多闪亮的弯弯小船
挂上了树枝
波涛汹涌的海,无涯
渔船颠簸在远方
鱼儿无视这喧哗的波浪

有的深睡，有的远航
有的沉思，有的游玩
渔民的网一张张
网上那——
深睡的、远航的
沉思的、游玩的
…… ……
于是，渔民满仓，《渔歌唱晚》

（本诗原刊于《世界华文作家》2012年第4期）

向着故乡行

那是一朵流浪的云
在异乡邂逅流浪的风
他们结伴而行
一路心心相印

一路坎坷奔波
向着故乡行
终于化成雨
落在故乡，温馨

我们的歌谣

孩童时，他送她一只草戒指
还有几朵映山红戴在她头上
把她装扮成新娘
她如花蕾，含苞待放
他很帅
也很浪漫
他们折的纸船
放在小溪里飘荡
如今——
大多已不知去向
只有一只纸船飘在海面上
像一个朝圣者，正在起航

蓝鸽子

将云彩和月光揽入怀抱
你就轻飘飘
飞入空中
奏响蓝色的歌谣
可爱的蓝精灵
你咕咕抒情，和蓝天比高

夏天的湖

舟,泊在湖中
静静倾听

谁在莲花深处窃窃私语
把一尾鱼吸引

夏,裸露风骨
湖光景色迷人

风,送来一枝长长的柳枝
轻歌曼舞江南情

莲花集体做着粉红色的梦
忘记自己的前生

(本诗原刊于《世界华文作家》2012 年第 4 期)

雨做的云

站在干旱的大地
看空中云起云涌
那是雨做的云
我在倾听

云的深处
有惊天动地的雷声
划过宇宙的闪电
在酝酿一场雨魂

2012-07-07

月　夜

月夜
无风,无雨
一把伞——
遮住了她的思绪

灵魂忘记疼痛

沉默、安静属于午夜
夜空深邃
梦缥缈、惬意
梦虚幻、智慧
灵魂忘记疼痛
正在奔赴一场聚会

月儿　星星

暗夜沉默
浮云聚又散
月儿、星星属于宇宙
今夜,也属于荷塘
它们静静的——
与莲花一起参禅

泉　水

泉水
如小马驹跶跶的蹄音
驰过我的心灵

泉水
如古筝曲《高山流水》
润知音

我跋山涉水
我踏响深情
我临水而居
与泉水心心相印

露　水

露水
落在我的眉骨
我不经意间抬手轻抚
凉爽,清如许

露水
完美生命
以一种质的飞跃
爱大地,滋润万物

感　叹

彼岸开花
茫茫……
每朵花都在诵经、参禅

此岸有山
山中有佛塔

面对过往的船只
轻如尘埃的我
寂寂……

感叹
交出我珍藏的蓝月亮

竹叶翻飞,淡出岁月

起风了。竹林里有一些竹叶飞舞
这些竹叶在舞着不同的节拍
这些竹叶都有不同的曲线
竹叶翻飞,淡出岁月
她们也许去前生的竹林小憩
也许去来生的百花园消遣

一首诗的距离

(一)
一卷峥嵘洒下诗雨
滋润葱绿的江南原野
只能远观,不能近前
其实,我们只剩下一首诗的距离
很近,也很遥远
那一卷峥嵘传来的清籁
清新、悠远

（二）

一尾鱼
惬意
游进我们的诗海
激起涟漪
你的海波澜壮阔
我的海蔚蓝静谧
并非遥不可及
一首诗
就可以丈量我们的距离

她在捕捉影子

影子——
淡淡的绿意
藏着童年的心事

她在捕捉影子
影子似小舟
载着她，一生一世

夏　夜

一朵,两朵,三朵……
风在数着莲花
满池幽香

一只,两只,三只……
青蛙爬上荷叶呱呱呱
蛙声如潮,星光灿烂

星光沙沙沙
林中蝉儿歌声悠扬
这火热的夏

2012 - 08 - 01

搁　浅

我从江南打马而过
窥视你的小河
此时,一只竹筏
从远古而来,搁浅
绿在蔓延,爱已成河

风

风,有时凶猛、痴狂
风,有时柔软、清凉

风,有形也无形
把意念扫荡
风,有声也无声
一丝诡秘,一份坦荡

小鸟们叽叽喳喳
认为风是伟大的艺术家

月儿读诗

夜风习习
月儿来到大树旁
诵读——
关于大树的一首首华章
这棵大树根系发达
她的根植于祖国的土壤
看,茂盛的树叶上
似奥运金牌金光闪闪

淡蓝色　绿色　白色

淡蓝色、绿色、白色
这三种颜色我都喜欢
我曾在这三种颜色上
尽情挥洒
于是，一首首小诗
跃然纸上

我曾用这三种颜色
专心致志地绘画
那一幅幅画
像云雾弥漫的大山

面对自己喜欢的三种颜色
我默默追忆曾经的光华
默默追悼曾经的黯淡

八　月

一场各怀心事的相聚
辽阔，被岁月清洗、夸张
时光的彩笔在嗞嗞写意
飞翔的翅膀在黑夜里迷茫

八月,秋至——
荷塘里青蛙笑声爽朗
八月,桂花的清香
飘啊飘啊——
从此岸飘到了彼岸
直至八百里幽静的小巷
八月,我双手举过头顶
直至空中云开月朗

捕鱼老人

六十岁的老人很憔悴
他在河中捕鱼
网洒下
收起的是孤独
他在河中淌水
追逐纷乱的思绪
他来到荷塘
索性不捕鱼
坐下想和莲说说话
可是,莲无语
不问他从哪里来
又到哪儿去
看来,鱼儿最知莲的根
蜻蜓、蝴蝶才是莲的好朋友

他，一个渔夫不能成为一朵莲
胡思乱想中，听到有人喊他的名字
喊得他彻骨的疼痛
…… ……
他的身后敞开了一道门
（本诗 2012 年 8 月推荐至新浪博客首页《原创基地》）

立秋感怀

我早在几天前
已将一叶知秋放逐
她在暴风雨中腾飞，很美很美
我不触碰那些伤感的过去
我将在秋天里收获一窗美丽的风景
我微笑着举起双臂，把秋天托举

云

你在伞外飘忽
结伴旅行
辽阔、无声
流浪的滋味很美
那些风霜雨雪
企图洗净你的韶华

无奈,你倔强
依然五彩缤纷
依然天马行空
春雷滚滚,电闪雷鸣
你会想到伞——
那是一份牵挂
也是一份真情
夏天,你在风中采莲
一首小诗留在一朵莲中
蜻蜓、蝴蝶经常来读
情到深处泪纷飞,呵呵,感动
秋天,你看着落叶飘飘
也会心生悲情
冬天的雪花
那是你纯美的心灵
谁也改变不了——
你快乐的空中旅行

山　村

峡谷的风
不辞辛苦
她把——
来自云端的问候
带往山村

山村
如一棵大树
接受风霜雨雪
接受现代文明
还有环境污染
成长并且疼痛

山村
仿佛一位老人
在山路上走走停停
咀嚼旧时光
老泪纵横

山村
仿佛一个顽童
在竹林拔剑射击
落下竹叶
飘向小溪,起航
向着文明的现代化的城

月　夜

我已筋疲力尽,
月光却是这般灿烂

温暖着我的心
心中的一株竹笋在生长
我给明月写信
明月顷刻长出了翅膀
我给云儿发了一张纸条
云儿沉默,有了愁肠
我向风挥一挥手
风的威力更强大
我知道——
风经常改变方向
有时也温柔有加
只有那海浪坚定不移
眷恋沧桑的海岸
我心中的竹笋
在月光下幻化
成了清瘦的竹竿

飞　奔

夜,枕边的梦飞奔
与另一个梦激烈碰撞
散落在荒郊野外
迷失了方向
手机打不通,慌不择路
只有前往,邂逅一村庄

询问一老者
原来长路茫茫，路在脚下

花　王

你是花王
那么多纯洁的小花
被你的磁场吸引……
你在蛙鸣里入梦、酣畅
小木椅占据一片草地
等待打马而归的王
蓝天打开想象
夜间，千年的露水滚烫
柔情穿越，夜莺歌唱
马蹄声由远而近
在你梦醒之前抵达

山

山，虽说是凝固的，
但她有生命，有灵魂
你瞧，山中树木葱绿
小妹和小猴欢笑着对眼睛
你听，山上泉水叮咚

林中鸟语声声
所有的优美旋律，都在山中

雨

雨，悄无声息
清洗尘世
雨，一直下
带着绵绵的情思
看着窗外色彩斑斓的雨
总有甜甜的回忆

流 水

流水，精彩
我们不问她从哪里来
也不问她到哪儿去
她就这样从早到晚尽情抒怀
那些流水如同我们的青春
流逝的过程有快乐，也有悲哀

随　想

湖水里有一个蓝天
虚幻

远古说，蓝天是
湖中蓝宝石反射的光

今天，我看到了……
蓝宝石的翅膀在空中飞翔

同学聚会

（一）
情谊
还未叙尽

泪，已从眼角溢出
笑语声声

同窗的友情
波澜不惊
友情深深

(二)

聚会快乐
聚会快乐
我说着说着
思绪纷乱
害怕逝去快乐
离别的愁绪
雨,替你说着

路　灯

路灯的光,多么像月光
掬一捧还会漏下
没人能买断你的专利
没人能遮蔽你的光芒
谁都可以站在路灯下
穿越深沉的灯光
谁都可以站在路灯下
怀念自己的故乡
当我站在风雨飘摇的路灯下
挟持自己的影子时,泪如雨下

(本诗 2012 年 8 月推荐至新浪博客首页《原创基地》)

磨　盘

磨盘
已被丘比特之箭
成功击中

磨盘
掉进蜜罐
甜蜜包围中

我们的生活如磨盘
爱永在,情悠悠

思想在夜色中苍茫

你有你的河流
我有我的河流
如果我们同时
恰巧步入同一条河流
那也无妨
你是你
我可从来不想融入你

这样的夜

适合思考一些问题
思想在夜色中苍茫
不想停下
微微的风
暖暖的
嘿嘿
夜色也有了气势

我在云之上
也在云之下
对于一些世俗
我不鄙视
我归于心灵的天空
也归于心灵的大地

秋天的落叶

昨夜
秋风暴动
收获一地金黄

思绪飞奔

恼人的秋风
吹落鲜活的生命
躺在地上疼痛

我的思绪飞奔
火红的心事汹涌
我看到云在空中伤心

千年以前
我们也许盛开着温馨
像那繁星点亮天空

轮回中
我们坠落人世间
只能忍受疼痛

意　象

有的意象,使人恍惚
使人飘飞
也许能达到一种境界

有的意象,淡淡
无欲念
一份宁静如仙境

有可能,我们可以虚构
一些复合意象,包罗万象
抽象出尘世的繁花似锦

雪、梅与我

那年,一场雪的降临
我来到了尘世
我与雪隔着一段距离
梅,冷艳幽香
雪,冰清玉洁
我守望梅
我守望雪
一生一世

此生与梅有缘

此生与梅有缘
生于寒冬腊月
梅花绽放枝头

笑对纷飞大雪
父母为我取名曰：梅
任纷纷扰扰的世界检阅
梅，在严冬里静思
走过心脉，心香逸远

秋之随想

秋，她踮起脚回望夏
情不自禁，泪已潸潸
潮湿的秋，独自轻叹
不觉两鬓苍苍

秋，她是幸福饱满的
也经常享受阳光
秋，她是欣慰的
田野里、果园里已丰收在望

我站在秋风中看落叶飘飘
心中怀有一份沉甸甸的念想

（本诗原刊于《文学月刊》2012 年第 10 期）

蓝色包围我们

天空是蓝的
海是蓝的

那天,我从海里捞起的月亮
湿漉漉的,也是蓝的

我那一首首小诗
柔柔的、淡淡的、蓝蓝的

蓝色包围着我们
我们无比欢乐

2012-09-01

那不是我想要的

蓝天
和平鸽
祥和
这是期待的

可是
我看到天边

灰色的蠢蠢欲动
那不是我想要的

秋夜
我听到野狼的嚎叫
逃亡中

左右为难

一声声霹雳，震撼
一道道闪电，明亮
她来到人间
执行上帝的旨意
一个林子住着羚羊
让她把羚羊塑造成野狼
另一个林子住着野狼
让她把野狼培养成羚羊
她真的左右为难

飞

身体内飞出一群和平鸽
摩擦着我曾经的伤口
洁净的还未愈合的伤口

那群鸽子在追海鸥
这一切将成为往事
抚慰伤痛,愈合伤口
梦中,我感觉自己也在飞
飞向了海口
我爱你,和平鸽
我爱你,海鸥

葬红尘

风萧萧
花飘零
黛玉葬红尘

泪眼迷离
凄凄惨惨切切
断肠人

问天
问地
为何不公

(本诗2012年9月推荐至新浪博客首页《原创基地》)

寒　蝉

踏碎一地落叶
去追童年的歌谣

变味的歌谣
躲在高高的树梢
哀嚎

看　海

海兽在狂叫
我们听不懂它的语言

大海是湛蓝的
辽阔,深不可测

曾有许多岛屿
在飘,想飞,闪着火焰

我们给她们插上翅膀吧
飞向自己的家园

我的影子

我的影子很轻盈
我的影子很忠诚
她牵着诗的幽灵
祈祷、穿越、飞奔
她抛开赤裸的灵魂
不与世俗计较
有其鲜活的生命

我的潜意识里
影子最活跃,最纯情
我的影子是音符
1234567
夜里她就成了休止符
她的音时高时低
穿插在曲子里
真动听

秋　雨

这个雨季
绵绵的秋雨
不能释怀

五彩的路
纷乱的心

相同的雨
不同的心境
不由自主的
眼睛湿润

这场雨
居然让我的心
渐渐的平静

放飞蓝色的梦

九月
面朝大海
我们放飞蓝色的梦
陪着悠悠白云

轻轻的一声呼唤
一群可爱的海鸥醉了秋
环绕祖国海岛的天空

九月，硕果累累
我们的梦很美很美

从一个果园
飞进另一个果园

红苹果梦想成真
秋——
笑容可掬
枫叶还未睡醒
她的梦还在山林

蓝

雪山
茫茫、悠远
草原上的羊群
灵动的闪现
心中的蓝，宁静
我们修炼到什么境界
才能抵达天空的蓝

我在默默关注——

树上，云集众多小鸟
静静
她们没有往日的风情万种

树下，过往行人匆匆
他们不再高谈阔论
而是忧心忡忡

我在默默关注——
祖国海岛天气的情况
关于海浪
关于风，关于云

多彩的雨

多彩的雨
缤纷了大地
红花绿草
惬意

多彩的雨
一种自然的恩义
无需占领——
意识形态的领地

星光下

雪山茫茫
星光下
树影婆娑
月色锵然跨过

一个影子在畅想
思想在闪烁

燃烧的秋

燃烧的秋,硕果累累
燃烧的秋,令人欣慰
你瞧,秋天的黄菊花
也在路旁闪着光辉
秋天燃烧起来
很美很美
一颗心如果燃烧
会不会也很美很美
也许,一颗心不属于秋
属于春,春光明媚

你——

有人说你是雪姑娘
看见你撑着油纸伞
飘然下凡
我看见你——
从宋词中轻快地跨过
伶伶俐俐,潇潇洒洒

秋风微凉,几声寒鸦
荒草萋萋,树叶枯黄
你站在如镜的池塘旁
望着远方

深夜的梦

深夜
你在我的身边
深夜
你在我的枕边
你是蓝色的梦
有两只和平鸽就在梦的边沿
还有抽象的梦
她是五彩缤纷的颜色

海鸥飞翔

我要飞翔
忍住疼痛
祖国的南海
波涛汹涌
我无心在莲上打坐
我要飞翔在蔚蓝的天空
喊山,喊水
喊月亮,喊云
不喊疼痛
高喊和平

星辰永恒

风作着伪证
不顾云的疼痛
雨将云清除出境
夜空明净
我仰望清纯的天空
感受她的灵动
深邃的夜空,闪烁着繁星
宇宙博大,星辰永恒
短暂的是人类的生命
永恒的是高尚的灵魂

江南雨

江南雨
如烟如雾
柳丝鹅黄
待春风吹绿
蒙蒙细雨
轻抚小舟
江南人雨中沐浴
壮志未酬

秋天的落叶

我握不住
秋天里的落叶
很沮丧

风轻轻告诉我
那些落叶情愫各异
有的婉约,有的豪放

是的,飘飞的落叶
她们在各自表演
自由的表达,自由的释放

那些小情绪

熟悉的
陌生的
莫名其妙的
那些小情绪
藏在——
雨后的草丛中
干干净净

熟悉的
陌生的
莫名其妙的
那些小情绪
染白乐谱
清洗琴弦
使其有弹性
悦耳动听

迷茫中

狂风又起
云在汹涌
落叶纷纷

我原地立定
迷茫中

中秋之夜像雾又像花

走进夜晚
披上今夜的月光
中秋之夜像雾又像花
树叶飘飘像乐谱
风声似琴声悠扬
空气中飞着——
淡淡的桂花清香
白云生出歧义
挂在蓝天上

冬季相约

雪
天之精灵
梅
地之精英
冬季相约
绘成一卷峥嵘

2012－10－02

把季节策成一匹鞍马

离枝的落叶
何其潇洒
生命的轮回
无须伤感
把季节策成一匹鞍马
飞奔　紧跟时光

这个秋天

这个秋天
雨水不多
聚会最多
谈论的话题最多

这个秋天
有温暖
有激情
有困惑

这个秋天
多有魅力呀
喜鹊喳喳

情思纯洁饱满

秋天,她一览无余的
展现她的外延和内涵
相互渗透
红红火火

这个秋天
梦在文字里悄悄发芽
悄悄结果……

（本诗原刊于《桐城文学》2013 年第 3 期）

那块岩石

那年夏天
我幽居山林
种下鸟鸣、蝉声
还有自己的身影
不求发芽
不求生根
只为怀念
只为纯净心灵
年复一年,如今
我种下的鸟鸣、蝉声
长成高大的岩石

她不知自己的前世今生
只是经常拿自己的品质
与别人理论

(本诗原刊于《桐城文学》2013 年第 3 期)

残　荷

曾经灿烂
我看着她——
一瓣一瓣凋零
凄美悲壮
月光下
无助震颤
我隐忍
不觉泪潸潸
残荷的梦
依然蔚蓝
她的种子
还在荷塘
她相信
明年还会
再创辉煌

我清理了一些电脑痕迹

清晨,我打开电脑
清理了一些电脑痕迹
那些痕迹
有着迷一样的纹理
那些痕迹
也许曾经美妙如诗
那些痕迹
也许是生命中的一段旋律
那些痕迹
现在必须弃之
才会有新的开始……

总是不舍这绮丽风光

总想牵一缕
诗意的霞光
总是感叹
这慷慨的阳光
我在园中慢步、小跑
总是不舍这绮丽风光
然而今夜
我的情绪一落三丈

觉得峡谷飞瀑
没有往日的壮观
（本诗2012年10月推荐至新浪博客首页《原创基地》）

几位有趣的诗人

荷
是有风骨的诗人
莲子是她的诗集
荷叶是她的语言

秋风
是哲理诗人
她告别残荷
自己已是鹤发童颜

秋雨
是多情的诗人
她把残荷倔强的灵魂
送回充满幻想的童年

那块岩石

夕阳
在山口徘徊
星星
一直游离在时光之外
每一颗星星都有所归属
每一颗星星都在夜空抒发情怀

那块岩石远离故土
在异乡的泥土里深埋
沉睡。一直没有醒来

（本诗原刊于 2014 年 12 月 18 日《安庆日报副刊》）

晚秋随笔

人生一世
草木一秋
一株草也很优秀
感谢阳光雨露
感谢上苍无私的馈赠
才拥有了——
青葱岁月和成熟的秋

夜色迷人
白云悠悠
朦胧的树林
小鸟啾啾
最后离枝的树叶
被秋风忽悠
奔腾的海浪
敲打着不眠的晚秋

多情的雨

多情的雨
曾住进桃园
洒下满园的芬芳
串起快乐的音节
多情的雨
如今缠绵漫山红叶
循着爱的轨迹
不停歇

雾

一些雾住进桃花里
未曾与我谋面

而另一些雾
毫不犹豫地住进了绿叶
慢慢的，慢慢的风化
晚秋时分，已似桃花模样
我们喊她红叶

（本诗原刊于《大众诗书画》2013 年第 1 期）

小　草

风轻轻地挥一挥手
你的魂儿便被克隆
遍布山冈、原野
走进花园
那些都是你的子孙

而你
以及你的子孙
却漫不经心
吞噬灰尘
给尘世以清新

我的目光

我的目光疲惫
忧愁装满酒杯
皱眉、闭眼
饮下秋风
饮下怀疑

我的目光锐利
发现绿叶丛中
一只黄莺的秘密
如今，落叶悲戚
呵呵！宁为玉碎

（本诗推荐至 2012 年 10 月新浪博客首页《原创基地》）

夜

一只夜莺
站在树枝上思忖
微微的风
悠悠的云
夜丰富、宁静
树林也沉浸其中
树影婆娑

月光倾城
流星划过苍穹
(本诗推荐至2012年10月新浪博客首页《原创基地》)

邂　逅

蒲公英的种子
飞着
半醉半醒

白云在蓝天上
飘着
醉了苍穹

白云与蒲公英
邂逅空中。不知
会不会一见钟情

掏空岁月干吗

仔细思量
执着是一种负担
放弃是一种解脱
一种超然的潇洒

无需驮着过去
无需挟持时光
像那花儿
无论凋零与绽放
都有魅力
都会芬芳
掏空岁月干吗
岁月里留下的
有犹豫、彷徨
也有伤感。更多的是
月光和阳光的抵达

瞬 息

当雨袭击湖面时
风举起了摄像机
星空的梦
瞬息击碎
鱼还在嬉戏
荷花的梦想
在湖中站立
无论天空
无论湖水
此时标新立异

随　感

历经磨砺
也许你会创造一个季节
温暖的、晶莹的
这个季节有浪漫的黑夜
你和你的爱握手
因而，你的爱更深刻
这个季节有精彩的白天
谁也改变不了的意念
劳动、创造、幸福
藐视世俗，生活甜甜

深秋随笔

(一)
深秋的夜
神奇、深邃
荒唐的梦
在飞
飞过明净的湖面
跨过群山巍巍
看那雾中丛林
寂静，也烁烁生辉

荒唐的梦
没有意念,会碎
没有偏执
像我的随笔

(二)
青春
随秋风飘零
我们不说疼
不说繁华落尽
只说——
我们会拥有春夏秋冬

启明星

大多数的星星悄然隐去
启明星还在闪烁
是不是有什么心事
要向黎明诉说

我注视你,启明星
你眼中有柔柔的情愫
空中有你低低的喘息
哦,你在倾诉

启明星，光明的使者
你默默地承受
你默默的释放
迎接黎明，把黑暗穿透

夜

夜
包容一切
疼痛与香甜

夜
打开语言
打开温柔
留下诗页
朦胧的、明朗的
皆融入诗篇

夜
轻盈如蝶
一个优雅的转身
迎来明媚的白天

那些鸟

树上那群鸟有趣、动感
它们合唱着春天的乐章
领唱的小鸟在树下
树下的天使挥舞着指挥棒

歌声飞上蓝天
与白云摩擦
顷刻开花

当那群鸟飞走了
春天就会安静下来
天使也就幻化成洁白的花

这是个深沉的秋天

这是个深沉的秋天
她没有大声发言
她左手牵着夏天
右手牵着冬天
拉长自己的影子
成了电线
她色彩迷离

钟情于金黄的菊花
以及火红的枫叶
她思想深邃
硕果累累
把那艳阳高挂蓝天

无　题

那么多的野菊花
霸气、招摇——
在黑夜里,在晨风中
你看她
年复一年的盛开
不惧尘世的风霜
我在晨风中
伫立,遐想

再写落叶

(一)
我必须在回归之前
来一次精彩的飞翔
青葱的、橘黄的
皆化为灿烂

（二）

一片落叶
如一个音符
秋风串起它们
漫不经心地弹奏
曲中有大海
曲中有海鸥
曲中有蓝天
曲中有少年
曲中有鸟声
曲中有虫鸣
曼妙　淳朴

走进雨季

烟雨迷离
走进雨季
鱼儿上浮吐气
油纸伞曼妙诗意
一缕情丝
融进唐诗宋词
缱绻幽梦
浪漫又一个雨季

2012－11－01

她在揣摩——

她在注视——
月光下飘飞的落叶
呵！落叶的回归线
是如此的美丽

她在揣摩——
风中有多少秘密
在穿越时空
呵！冬天逼近

晚　秋

车子碾过绯红的落叶
——令我心颤
树上飘下的红叶
执着地敲击车窗
不知晚秋还有多少内涵
红叶唤起我们的欲望
红叶覆盖晚秋的凄凉
我眼中飞出火焰山
对晚秋倾诉炽烈的情感

我们要看你起航

船靠岸,你靠船
秋风在梳理你深邃的思想
你立于河岸,又一首诗拥抱你

你怀揣着殷实的希望
呵呵！我们要看你再次起航
扬起新的风帆

雪

(一)
我一直认为雪很纯洁
朋友说我有一些偏执
他说,现代的雪有污染
有哪些你看不见的杂质
想想也有道理

(二)
雪花
你兴致勃勃地飘来
小学生就会知道
还有比零小的数

雪花,你来了
有的人没了温度
也没有了风度

不过,我们
还是要和你拥抱
还是要和你握手
在冬天
让燃烧的火焰
伴你踏上归途

那块泥土

旷野中的一块泥土
有着无边的忧愁
渴望问候

可是,没有问候
晚秋中,那块泥土
仍然把爱托举

那块泥土很焦虑
内心的隐痛
化作了野菊

湖　水

这一碧湖水
如镜、深沉
她静下来,回忆
曾经的波澜不惊
曾经的灿烂星空
曾经的风起云涌
她停下来,追问生命
把深秋之美放在心中
坦然面对尘世的浮浮沉沉

一首蓝色的小诗

你告诉我
你在大洋彼岸写诗
写一首蓝色的诗
蔚蓝的天,蔚蓝的海
你心中涌起蓝蓝的深情
带着自己蓝蓝的影子前行
这是一场青春的旅行
你等待静美的蓝月亮
让蓝蓝的思念穿越
让蓝蓝的幸福穿越

雪中行

寒气缭绕崎岖的山道
寂静的山,空荡荡
那个背着大包小包的家伙
攀爬冷意的山,头冒热汗
幽幽的山林如梨园
雪在我的注视下
一寸一寸的融化
我的深情在寒冷中
开成梅花的模样

雪

日月星辰还在沉沉入睡
你来自遥远的天际
放飞自由,放飞自己
以纯美的姿势坐拥寂静的尘世

雪　鸟

这世界多么美好
纯洁之花开得美妙

你放飞纯纯的思念
——任其逍遥

泛　舟

泛舟河上
鱼满舱，靠岸
已近黄昏，小舟
闪着蓝莹莹的光
吓呆远古的羚羊

一段流水

炫舞、幸福
何其浪漫
分流、聚首
无比灿烂
生命的轮回
谁能阻挡

难忘这个季节

难忘这个季节
初冬似阳春三月
悦耳的歌声从空中穿越
银杏树绽放喜悦
红旗上的镰刀和铁锤
抒写着厚重的历史诗篇
旭日正在升腾
历史摄下了这光辉的岁月

随　笔

（一）
朋友那里下雪了
北国风光，诗情画意
雪纯纯，情深深
缠绵枫叶，融入大地

（二）
我喜欢过一场大雪
脚踩在雪上咯吱咯吱
没有寒冷，只有深情
那场大雪，把爱拉近

一叶轻舟

一叶轻舟湖中飞奔
不想靠岸
不想进入芦苇滩
只想在月光下
任思绪泛滥
只想在蓝蓝的湖面上
枕着蓝色的梦幻

和平鸽

呵！天空飞过这么多的和平鸽
祥和，纯洁
你瞧，她们身上
燃烧着和平的火焰
一身正气
如白云，如闪电

月夜随笔

(一)

风轻轻

云淡淡
水碧碧
美景落清溪

(二)
夜,唯美
夜,静谧
月光清洗岁月
无声无息

(三)
夜,寂寂
水依依
梦,缱绻
如雨,如鱼
思绪纷飞
往事依稀
轻敲键盘
抒情写意

(四)
青葱岁月
多少梦,只争朝夕
无限魅力
而今,只能回味

夜行人脚步匆忙

夕阳点燃远古的月亮
月光沙沙沙
夜行人竖起耳朵静听
夜半后，声音铿锵
不知是月光，还是寒霜
夜行人脚步匆忙
他们要抵达黎明的港湾

北风与晨雾

北风愤愤不平
对晨雾拳打脚踢
雾死去

“你就装死吧
让雪来收拾你！”
狡黠的北风匆忙离去

雾不知是上了天堂
还是下了地狱

晨起读诗

早起——

日历翻开新的一页

辽远的目光发现闪光的诗篇

那是苍茫中的焦点

诗心不改——

坐在佛祖的经卷

梦里梦外

弹唱世纪经典

触摸月亮

今夜

月儿不去飞翔

她造访大地

向原野问安

勇敢浪漫的汉子

触摸月亮

把月亮的温柔丈量

诱　惑

诱惑——
你是虚无的
你又是潜在的
仔细审视这诱惑
他以超人的理智越过

世事纷乱
诱惑多多
沉舟侧畔千帆过
只为名利
天机一语道破

荣华富贵
高官厚禄
终成过往云烟
有一种境界更为超脱
那就是淡泊

树干——飞翔的仙鹤

树干
如飞翔的仙鹤
我很仰慕

我仰慕
只为仙鹤曾在心里住过

树干，奔向春天

（一）
一身傲骨
挺立天地间
尘世的沧桑
成为往事
展翅
奔向春天

（二）
一身灵气
带着尘世的浮浮沉沉
化为雨后的彩虹
傲骨生出青枝绿叶
成就永恒的春天

今夜——

夜色苍茫
原野陷入黑暗
云在游荡
星星找不到家
风在吼叫
树林在呼喊
虫子躁动不安
夜莺仰望空中寻月亮
呵呵！今夜——
她买断了月亮的专利
月光只在她胸中璀璨

2012－12－02

惊　喜

拨开季节的缝隙
惊喜
洁白的小花
钻出岩石的缝隙
享受阳光
幸福无比
季节惊现
这岩石中暖暖的诗意

阳光走进树林

落叶,阳光的宠儿
像金子般回归大地
阳光走进树林
树林里暖暖的
此时,鸦雀无声
明天,树林将更为年轻

追问北风

北风抱紧了寒冷
瑟瑟发抖
季节跨越绿肥
凋零了红瘦
雪花逐渐迷茫
我一边咳嗽
一边追问北风
雪不纯净的理由

(本诗原刊于《世界作家》2013 年第 1 期)

缺席的恋人

夜幕下
月亮树光芒万丈
赛过城市的霓虹

繁星隐去
一声叹息
沉重

缺席的恋人
天涯海角
心心相印

穿　越

穿越,在雪夜
塑一座水晶宫殿

月光洞穿
这千年的思恋

追逐一份沉重的爱
永不停歇

这个夜晚

月光破冰
彩云入境
鱼儿恋着
龙宫的美景
这个夜晚
星星也想穿越梦境

乱　弹

风中挺立的松树
才华横溢
它是才子
它是君子

尘世的繁华
我看是一个谜
让人惊叹
使人迷离

幸福
也许是一个多义词
有时
幸福也会化为泪滴

雪的随想

(一)我喜欢雪

童年
我喜欢雪
揉一团雪,滚烫
似白色的火焰

成年后
我喜欢文字
文字如燃烧的火焰

步入中年
我还是喜欢雪
雪夜
那些星星、白云
你们可以去睡眠
我只要和雪拥抱
让雪燃起火焰
呼呼……
我会变得更纯、更白

(二)雪是天空的孩子

雪君子来自天空
起舞、燃烧、结冰

世界一片雪亮
原野宁静
雪究竟要干什么
也许只是为了世界的洁净

阳光下
雪的灵魂缭绕上升
雪是天空的孩子
终究要回到天空
太阳笑容可掬
蓝天慈祥,大地纯净
…… ……

无　题

多彩的雨
伴着池塘里的小鱼
尽情歌舞

风儿
把冬天的旋律弹奏
不顾及小鸟的孤独

月　夜

林中
月光牵着雪光
无语

幽暗处——
冷冷的色彩
在窃窃私语

影子若有所思
空中的云
在忧郁中散去

（本诗原刊于《世界华文作家》2013 年第 1 期）

小白兔的故事

原野苍茫
小白兔说大话
“狼与我一起看大山
我一点也不害怕”

天高云淡
小白兔没有说大话

狼蹲在那里
一言不发

哈哈……
原来是石头狼
没有血液
没有心脏

夜

北风呼呼
零下一度的月亮
在树梢晃悠

乡村
零上十度的梦
温馨、生动、有趣

雅玛预言，仿佛
在千里之外

(本诗原刊于《世界华文作家》2013 年第 1 期)

这个冬季

这个冬季
我们所面对的
是温度零下
我们做不了悲情诗人
抑或悲情画家
我们总是对生活
充满敬仰,充满希望
浪漫,虚幻
还有圣洁的理想

爱情鸟

这个鸟窝
远离世俗
这对爱情鸟
世人仰慕
她们的爱
融入连理枝的晨露
衔着四季的祝福
在飞翔

关于雪

雪
一道迷人的风景
她闪着光芒
纯净我们的呼吸
给予我们想象
带给我们童真
她燃烧的火焰
栩栩如生

无论你怎样
大张旗鼓地讴歌雪
雪还是如盐
洒在冬的伤口
让这个冬天寒冷
让这个冬天疼痛

红月亮

蓝天惊叹
谁让红月亮下凡
装扮着——
一树又一树的灿烂

谁将思念复制
如春温暖
谁的牵挂
又将原野美化
没有人回答

呵！红月亮
在树枝上静静参禅

冬至的夜

冬至的夜
寒风瑟瑟
我奔跑
喘气、咳嗽
好想酣畅淋漓
可是
寒流畅通无阻

我妥协
饮一杯酒
提升我的温度
以及我的风度
街灯暗淡

影子摇晃着
对我熟视无睹

唉
这暗流涌动的夜
适合饮酒

今　夜

今夜
树影从我身边掠过
还是那么灵动
还是那么快乐
今夜
月光将寒冷捕获
今夜
我被月光淹没

我将盗取雪之魂

一场雪止步
裹紧寒冷
夜空蓝莹莹
且布满星星

我将盗取雪之魂
融入天地之精灵
盛开一朵雪莲
如诗如歌，曼舞轻灵

荷　塘

荷花的梦
躺在月光下
浮在荷塘中
——芬芳

荷花的梦
神奇、浪漫
爱情鱼生出翅膀
——飞翔

荷塘里
大鱼小鱼忽上忽下
螃蟹小虾各自离去
荷塘摇晃，热闹非凡

风
跑来观赏
轻抚荷叶

吻着荷花
青蛙
聚集荷塘
彻夜歌唱

夜
沸腾
伴着荷花的梦
直到下一个天亮

（本诗原刊于《文学月刊》2013 年 1 月号）

雪夜随想

（一）
屋外，雪飞舞
这个夜晚寒冷
雪光刺骨
相爱的人抱紧
爱情永恒

（二）
大片大片的雪花
在夜空中飞旋

雪花优美、轻灵
欢快地跨越龙年

恍惚间,我看见
大海里浪花飞溅

(本诗原刊于《世界华文作家》2013 年第 1 期)

这群鱼儿……

这群鱼儿眷恋着莲
瞧——
它们悠然、高雅
没有红尘中的俗气和浮躁
它们不羡慕飞鸟
畅游荷塘,咀嚼水草

在海滩(题小朋友梦涵水粉画)

(一)

两只小鸭
漫步在海滩
数着浪花
嘎嘎嘎
白云悠悠在招手
小鸭不去搭理她

（二）

谁家小孩
胆子大
骑着单车
逛海滩
抛下车子
捉海虾
浪花笑他
哗哗哗
他笑浪花
哈哈哈

（梦涵水粉画）

卷二 静静的蓝

——远航小诗日志 2013

蓝

蓝
冲破黎明,挂上天空
我看出她神清气爽
明眸能把春天升温

(本诗原刊于《世界华文作家》2013 年第 1 期)

风　雪

风
指点江山
丈量岁月的柔情

雪飞逝
走马观花的尘世
依然温馨

(本诗原刊于《世界华文作家》2013 年第 1 期)

雪来了

风
高一脚低一脚地奔跑

我听到
风在声嘶力竭的喊叫
雪来了,雪来了
浩浩荡荡
浩浩荡荡的飘
这南国的雪
——高傲

2013 - 01 - 05

我的双眼在弹奏春天

晨
树静止
暖阳
光临尘世
空气的温度上升
我一呼一吸
呵呵！喜鹊登梅
喜气
喜鹊似乐谱
琴弦是梅枝
我的双眼在弹奏春天
惬意

一枝梅

雪
为梅等候
一枝梅
隽秀
一枝梅
笑到最后
美的极致
纯的敦厚

春从童话中走来

思绪如雪飘落
连同我思想的胚胎
最终融入大地
一串串脚印
沙沙沙
带来异乡的信息

这个早晨
我仰望天空
朝阳温暖
四周空无一人

春从童话中走来
跃上发青的柳枝

谁在风中弹奏竖琴

冬天在北风中老去
梦中
我是黑暗的囚徒
轻轻地敲击铁门
深夜
谁在风中弹奏竖琴
似一匹马在飞奔
惊醒我的梦
这得得得的马蹄声
在嘶鸣

一支画笔

一支画笔
在行走江湖
有诗意,也有困扰
西北风吹来寒潮
她在叹息

一支画笔
会浓墨重彩
也会轻描淡写
季节的空隙处
她在深呼吸
也许是在酝酿诗情画意

寂静的夜,该怎样抒怀

月亮左突右突
冲不出雾霭
她已被云层掩埋
悲哀的月亮
有着怎样的情怀
北风从我身边疾走
寒冷飞奔而来
寂静的夜
该怎样抒怀

今夜的月光

我伸手接住
开碎的白梅花瓣
感觉冰凉

天狗还在有节奏地
踩着白梅花
咯吱咯吱的响

今夜的月光
有些寒战
有些迷茫

我必须带着他们，走出庭院

夏天远去的时候
我犹豫不决
是否出于上帝的旨意
不让我有悟空的 72 变
却交给我 59 朵娇嫩的花朵
我带着他们在庭院
看风云翻卷
…… ……
春天越来越近的时候
我必须带着他们
走出庭院

月　亮

月亮柔美
充满活力
她智慧的脸
荡漾着一层层笑意
她笑这个夜晚
如此扑朔迷离
她笑淘金者
如此执着痴迷

松鼠和小兔

黄昏,一只小松鼠
衔着一根狗尾巴草
飞跑——
它跑丢了影子,回头去找
遇到一只小白兔
慌慌张张,也在东找西找
原来小兔丢了尾巴
——真是巧

月亮升起来了,多么美好
松鼠找到了影子,呵呵笑

小兔没找到尾巴，心情不好
小松鼠为表示友好
送给小兔一根狗尾巴草
小兔高兴得蹦蹦跳跳
小松鼠发现小兔有了尾巴
短短的，微微上翘
小兔也找到尾巴啦
他们兴奋得一路小跑

冬雪，万千思绪

冬雪，万千思绪
化作千丝万缕
尽情曼舞

谁的足音
伴雪舞
温馨写意著风流

倚窗的朋友
淳淳情怀向谁诉

返　乡

——写在农民工返乡之际

既然选择了异乡
打拼就是实现梦想
返乡
与一场雪无关
是父老乡亲的呼唤
返乡
把酒杯斟满
敬一杯给含辛茹苦的爹娘
紧紧拥抱年幼的孩儿
把四个季节的温情补上

怒　放

空中一群小鸟
——叽叽喳喳
此时
桃花怒放
南风吹来
花瓣飘飘，芬芳

一只小鸟站在树枝上
与我饶有兴致的交谈

我说
桃花是我的诗眼
雪花是我的诗行

那只小鸟说
我要做你的诗行
让你的诗如花怒放

我说
小鸟啊
你还是做我曲中的音符吧
远离世俗,伴我琴声悠扬

最后的冬天

最后的冬天
被爆竹烟花惊醒
天空洒下一阵小雨后
归于平静

中午时分
冬,还在行走中
她忘记梦呓
咀嚼久违的东南风

大寒刚过
土壤松动
种子窃喜
在泥土中翻身
雨后的山村
好像刚刚立春

下雪了

下雪了
浩浩荡荡
雪是小诗的眼睛
清纯明亮
游子的双脚
在雪地上飒飒
起起伏伏
仿佛抒写质朴的诗行

无　题

莲的风骨犹存
只是枯萎了荷叶
早春把绿植在岸边

荷塘依旧恋着蓝天
鱼儿游弋在冬春的边沿

海鸥飞翔

海鸥啊，海鸥
一群又一群
飞翔在这浩瀚无垠的大海上空

八面来风，依然撼不动
祖国海岛的坚贞
海鸥的鸣声里有中国龙的基因

无　题

阳光下，冰雪逃遁
池塘岸边垂柳微微发青
吹柳笛的男孩哪去了
——没有回音
只有寒冷伴着潮湿的鸟鸣

雪 花

雪花
是天空的孩子
她一落地
就颠覆尘世
锁定寒冷
散发清冷的诗意
此时，庭院里那盆白梅花
还在雪花中饶有兴致地吟诗

我是雪花

我是雪花
我是清冷的小诗
我没有让世界异彩纷呈
深表歉意
我飘啊飘
把繁华抛弃
如昙花一般
——消失

雪　山

雪山之巅
升起神奇的梦幻

严寒一路跋涉
住进雪山
雪莲花笑对梦幻

雪山——
蕴藏着巨大的宝藏
召唤阳光

消　息

风在冬末春初
左突右突
打听关于春风的消息

雪无声地掩埋旧时光
那些重要的,抑或不重要的
都溜走了,悄无声息

2013－02－01

疲 惫

风,似乎疲惫了
越来越小
黄鹂,似乎疲惫了
歌声不再美妙
雾霾,不疲惫
似乎在炫耀

叹

风雪
穿越千年
终随烟雨飘远
情深缘浅

剪一夜烛光
难眠
弹断琴弦
叹！似水流年

火　棘

火棘
靓丽这个冬季
火棘是暖暖的文字
绿叶串成一首诗
不知哪片绿叶是我前生转世
也不知哪个火棘是我前世的知己

立春随感

（一）
立春。一场雨
表达对春的渴求
夜里
雨停。风悠悠
偶尔传来如雷的爆竹
——震撼

（二）
哦！春天
如郁郁葱葱的大树
阳光下
雨只是枝叶
雷才是主干

期　盼

人生
如今夜的月亮
不求圆满
只为明亮

借荷塘月色
弹奏一曲《期盼》

明天是否春意盎然

寒冷似利剑
射进初春
小雨丢丢

欲壑难填
空气疼痛
所有的星星隐去

明天是否春意盎然

相约冬季

雪地
那么多树的影子
相约冬季
从不缺席

阳光无所顾忌
照耀万里江山
把欲望抛弃

蓝天慈祥
视察人间
带着上天的旨意

一堵墙

一堵墙面对空穴来风
以及洪水猛兽的冲击
——不倒就是奇迹

一堵墙的灵魂
从不哭泣
心中拥有万丈豪气

狗尾巴草

她说很想念我们
我欣喜
这童年的伙伴
依然绚丽
如翡翠
我喜欢她青翠欲滴
她从不得意
她没有秘密
是家乡夏天的大道上
一道优美的景致

竹

江南的竹
棵棵挺立
大气

江南的竹
俊秀
竹魂悠悠
立于大地
四季如诗

儿时
除夕之夜摇竹
雪花纷飞像天女散花
似海浪飞溅
很美！很有气势

摇竹长大
竹报平安
镌刻在心中
永不消逝

二月春光

接回二月春光
杨柳历经漫长的幻想
任思绪鹅黄
风,停止流浪
把彻骨的疼痛埋葬

喜鹊登梅

登上梅枝
拍着翅膀

展开想象
感受春临天下
瞧——
她们歌声悠扬
在山谷中回荡
即使飞不上山峰
也不沮丧
只求把第一春唱响

相忘江湖

我不在江湖
我在自己蓝色的海洋泛舟
冲浪，抑或捕鱼
——得心应手
我们现在有充分的理由
选择相忘江湖

爱

爱，曾经跋山涉水
你我从没放弃

六月的风从背后袭击

六月的雨为真情激动哭泣

七月,汇集炽烈的情意
为爱,找一个位置

爱,植入彼此的心里
璀璨这火热的夏季

相约一生的爱恋
播种在家乡的土地

穿过指尖的温柔

三月挥一挥手
桃花绽放满枝头
风起桃林
铺开一季的风流
意朦胧
月如钩
一阕相思
一段乡愁
芬芳穿过指尖
留下丝丝温柔

闲 谈

今天单位开会
散会后闲谈
谈到孩子
谈到智商
谈到情商
谈到人生
谈到修养
谈到生死契阔
谈到纷飞的理想
渐入禅境的我
疼痛瞬间消散

这呼啸而来的雅兴

仿佛走在天桥上
欣赏李白笔下的瀑布
疑是银河落九天
倾听来自天上的轰鸣

此时,远方来了电话
兴奋地告诉我:
阳台上梅花开了

灿若繁星

呵呵！拥抱
这呼啸而来的雅兴

昨　夜

昨夜的月亮
神奇,有思想
她的心中有焰火
在元宵夜深情释放
月光温暖着沉睡的村庄
逍遥在春风沉醉的夜晚

这个春天。月光下的
土地有更多的思想
该怎样让种子发芽
该怎样让粮食高产
土地知道:不吃转基因粮食
——是人民的渴望

这个春季

这个春季
蜂拥而至的色彩
一浪高过一浪
有的色彩庸俗
有的色彩高雅
风聚集旷野
不停地叫喊
忽悠稚嫩的庄稼
愚弄一个又一个期盼

不说再见

雪花经冬历春
开遍原野
这些在早春盛开的花朵
如昙花一现
我行走在寒冷的春天
左手握紧自己的右手
不说再见

2013－03－01

一颗星会是一朵莲吗

荷塘清清
那么多的星星洒落水中
夜里会有绿色的呼吸吗
她会在荷塘生长吗
夏天
一颗星会是一朵莲吗

(本诗原刊于 2013 年 6 月 20 日《新安晚报》)

三　月

三月,你风雨无阻
义无反顾地把信念托举
喜悦在风中悠悠绽放
小鸟在枝头窃窃私语
我仰望天空
看南来的燕子深情谱曲

月　光

再写月光
月儿已在楼顶倾斜

我读不懂她
她也许永远读不懂我
感觉她总是那么朦胧

曾经
我携着月光，携着春风
走进花园
坐在花园的亭子里
花儿包围了我
爸妈说我做了一个吉祥梦

从此
我对月光情有独钟
月光下
有我思想的河流
月光下
有我诗意的山峰

（本诗原刊于《桐城文学》2013 年第 3 期）

夜

夜空
繁星点点
那些星星跌入荷塘
缠缠绵绵

我丢一块奇石于荷塘
如镜的水面顷刻斑斑点点
不知这块奇石
是不是远古的圣贤
不知这块奇石
会不会成为一颗星星的传说

天　空

一片云撞翻另一片云
似大海里的浪花
也似雪浪花

我惊叹
止步观望

天真无鞋

一位主编先生
说我的诗很清纯
还送给我一个虚拟的礼物
——天真无鞋
这可能与我的职业有关
我是孩子王,我在教育的一方净土

孩子天真无邪,我也天真无邪
即使岁月老去
我也无法转身,与天真道别
树梢上那轮明月,见证我的岁月

星星点灯

我在黄昏后启程
拐进小胡同
此时,星星点灯
一种感觉很温馨
青石板里仿佛藏着
古城的前世来生
空中的云见证着
勤劳勇敢的小城人民
小胡同的尽头
一棵参天大树传来阵阵梵音

寻找绿色的诗情

春阳似火
炙烤三月的心情
任意一阵风
就可以使火焰腾空

我闯入春的视野
融入三月的风景
千年的桃花
——在火焰中更生
任意一场雨
就可以扑灭火焰，滋润红杏
我在三月里
高枕无忧，坐拥春风
我在三月里
寻找绿色的诗情
把更年青的诗句
——留给晚春

无　题

风是从你那儿刮起的
瞬间
刮到我的地盘

不说你欺骗
也无需说再见
就让浮云随风飘散

弹一曲神清气爽

今天的一些词
在我的指尖滑来滑去
我不知如何安放
动词灵气十足
形容词笑容可掬
名词、副词也有趣
这些词，我暂不去管它
我还是摆弄我的乐谱
弹一曲神清气爽
脱胎换骨

黄　昏

我看见
黑蜘蛛
正编织它的谎言

失　眠

昨夜雷雨惊心
风凄清
落英缤纷

雨　后

一场大雨之后
空气中有泥土的气息
道路并不泥泞
徜徉在乡间的小路
想起火烧云，想起老水牛
想起耀武扬威的狼狗
…… ……
此时，危机潜伏
风带不走田野
风带走了一些迷失的灵魂……

那颗种子

朝阳喷薄而出
一粒多边形的种子落在我的手中
我把她种进芬芳的泥土
也把期望、真诚种进泥土

种子，朝阳所赐
泥土，大地的恩惠
种子有超人的智慧
她带着真诚、向往

——扎根泥土

春天里，那颗种子翻身
被幻想的雨击中
于是，那颗种子如鱼得水
向幻想的雨尽情倾诉

早晨，我注视窗外

早晨，我注视窗外
不由自主地喜欢上一朵花
不知那朵圣洁的花
有没有喜怒哀乐的情感
也许，所有的花草都很淡定
比起人类更为高尚

我喜欢喊山

我喜欢喊山
我喜欢在春天喊山
大山的回音格外精彩
回音中有松的挺拔
回音中有清泉的醇美
回音中有兰草的芬芳

回音中有殷切的期盼
回音中诗意更蓝
春风玩遍地球,发现
原来大山的春天更为灿烂

我的一叶扁舟

春雷疯狂
催开三月种子的胚芽
今天,我的一叶扁舟
留在文字的海洋
身已疲惫,心无波澜

黑　板

黑板上
老师的粉笔戚戚擦擦
这瞬间的闪光
是师生智慧的碰撞
黑板擦
刷刷刷,刷刷刷
留下诱惑,留下空白
黑板如山崖
教师的心扎根山崖
开出雪莲花

随　笔

万花丛中
点点鹅黄
几缕惆怅
几多情殇
我不经意的一次转身
发觉你也是安静的梅花

与春天同行

我是一朵雨云
与春天同行
春天,我与河流相遇
顷刻交出一片诗心
此岸,彼岸
盛开温馨
如今,雨季来临
我静候佳音

这个夜晚

偷窥你
你正踌躇满志
指点江山

这个夜晚
我面对你的河流
掀起澎湃的海浪

写给一位主编先生

你说
这么长的文友了
介绍一下你自己
我欣喜
你是名人　你是主编
会不会在你主编的刊物上
刊登我的小诗
于是
我如实汇报
我是小学教师
诗歌爱好者
你没有再追问

为什么
也许你骨子里
根本瞧不起小学教师

你来了

你来了
在这个三月
是一个意外
你,走到我身边
轻轻地说:我欣赏你
我知道你在捍卫诗歌
你给了我一个美丽的惊喜

这个中午

这个中午
阳光是静的
鸟鸣是动的
我安静地看着
一群燕子漫无目的地飞
我想让我的文字也飞一会儿
感觉——
一些文字循规蹈矩

一些文字漫不经心
一些文字半醉半醒
仿佛还在梦中

我看见——

黄鹂唱醒了千里长堤
翠柳嵌入诗行。清新
河流静静倾听——
柳丝的靡靡之音

我看见雾住进峡谷
丈量桃园的年轮
我看见云在天空写诗
专注。动情
我看见风在山脚下
畅想。弹琴

做了一回渔人

平生第一次做了一回渔人
泛舟
撒网
也曾停泊

有友人来看望
有友人指点迷津
很是感动
不管收获如何
我都要感谢人生旅途中邂逅的风景

无　题

长长的空椅子
带着遗憾与凄美
跨越春天

茂密的树林神神秘秘
蝉儿的歌声
美丽了这个夏天

这是清明时节

乱风撕碎一首诗
满天飞……
一颗星带来一阕词
融入她的眼中
她闭上眼。想起
这是清明时节

四月，希望我的世界越来越宽广

踏青，祭祖
没有泪水，只有疲惫
有一些尘埃，有一些忧愁
在心里郁积已久
鸟鸣替我擦亮内心
清泉替我洗去凡尘
四月，希望我的世界越来越宽广

2013－04－01

四　月

风过处
豪放的雨正兴高采烈
风
义无反顾地钟情于四月
雨
从天而降，不分贵贱
四月
翻开集体主义文献
孜孜不倦地阅读
有些伤感，有些喜悦

这道天门

黄山这道天门有多宽
谁也没有去丈量,谁也没有去留心
只是尘世的人们会情不自禁地
举起相机,快速地摄影

灵魂进进出出,从没有呻吟
也许有的灵魂希望得到宽恕
那一次,我仰望很久
没有看到一个灵魂

相思鸟

那木棉树上的一对小鸟
灵动、心心相印
我说是喜鹊
你纠正
不是喜鹊,是相思鸟
我很纳闷
昨夜梦中,一只相思鸟
飞入我的怀中
另一只断翅,留在林中

小河朦胧

小河朦胧
成了人们最熟悉的风景
浪潮过后,空空

我希望她如大海
辽阔,无垠

大自然的梦醒了

天空交出阳光
大地交出芬芳
诗意的鸟鸣,引起
光与影激情碰撞
按下快门
如琴声悠扬
那轻快的旋律
仿佛步入诗的故乡
大自然的梦醒了
闪动着金色的翅膀

行舟种月

雾霾挡不住飞舟
神奇的魔力推着他
在三千里江山种下月光
这无边的月光
融进游子的心房
这无边的月光
似母亲的呼唤
这无边的月光
——吞没黑暗

静　静

季节的边缘
空出一片伤痛
一头是你,一头是我
远山之巅,风在清唱

夜幕中
一朵云匆忙出逃
一颗流星陨落

就这样,你和我

天南地北,坐拥风景
不用对视,无须证人
——静静

我们的梦

我们有缘
相识相爱在朴实的乡村
油菜花飘香了一个又一个季节
美了风,美了我们
我们做着同样的梦
我们的梦五彩缤纷
我们拥有纯净的天空
我们心心相印
我们生活的小镇
离城市很近
无须穿越
就能亲近一座城
城里同样有我们的梦
我们的梦挤进万花筒
然后又潇洒地走进原野
还原成原生态的梦
别致,清新

你

你把自己扔在河畔
融入草叶
听自然歌唱
你已记不清
风是如何沿着河流
将一场雨呼唤
你,作为一根草叶
内心平静,没有波澜
丰收的季节,一颗心
从此岸漫游到彼岸

山　茶

初春,雾——
轻柔地抚摸着茶树林
这高山之巅的一片新绿
没有喧嚣,格外宁静

山里人说,山越高茶越香
很有道理。我时常微闭眼睛
泡一杯山茶,享受宁静
柔美的新茶,似一帘幽梦

沁人心脾,芳香、温馨

四月——
茶歌飘香,蝴蝶纷飞
这个季节
采茶姑娘穿梭茶林
美了大山,乐了春风

梦　呓

夜半钟声,幽幽
城市的灯火
点燃激情
光与影分割寂静的夜
天空的云,似成群的羊
——向北方
一个小女孩喃喃地问
草原离我们有多远
我知道,她是在梦呓

雅安,坚强

雅安
多么诗意的名字

黑夜在吞噬你的美丽

雅安
谁在背叛你
你在经受剧烈的震荡
天堂对你毫无意义
此时,你需要坚强
灾难不能阻挡你
向往安静的诗意

雅安,不怕
巨人会将你稳稳托起
现在,你只是舞者
世界在关注你
你如一棵大树,枝干伸向天空
根却深深扎在祖国的大地

走在古道上

大地震颤
古道已疲惫不堪
累
思维太慢
晚风吹来祈祷
古道冒出稚嫩的思想

也许是曾经破碎的灵魂
也许是生命中的又一奇葩
走在古道上
越过千年的彷徨
她在抒写
最纯最真的诗章

雅安，不哭

雅安，你曾经
雅致、安宁
美、轻灵
如今，你翅膀沉重
无法穿越重重障碍
——飞行

我们在千里之外
看见你抑郁的眼神
雅安不哭！我们在祈祷
风雨之后的彩虹，会搭起一座城
清脆的鸟鸣会飞上城市的天空

随　笔

杏花桃花梨花已远去
青涩的果实挂上枝头
秋天还早。一地樟树的落叶
似乎在诉说离愁

我看见祖国母亲的双手正抚摸着——
雅安在震颤中落下的伤口

今夜月圆

今夜月圆
月光穿越湖水
泛起波澜
网络的天空
云雾已散
恢复宁静

有人说
人是散失地位的神
呵呵！也许
所以
我默默无闻

诗
彰显我的个性

槐花轻柔地飘下

槐花轻柔地飘下
月光下的阴影
正寻找着——
这失落的白色的灵魂
而槐花静静躺在地上
一行行清泪浸透岁月的年轮

（本诗原刊于2013年6月20日《新安晚报》副刊）

槐花飘

晨，槐花无声地飘
美！似雪
呵！林荫道上
正下着太阳雪
我猜想
昨夜的月光雪一定很美

低处的芦苇

低处的芦苇
潮湿
风过之处
浩浩荡荡
多彩多姿
时而仰天长啸
——悲白发
时而俯首称臣
——叹人生
月夜，低处的芦苇
步入缥缈境地
朦胧中
舞姿优美
渐渐迷离
月色跌入芦苇的怀抱
掩映，打开
掩映，打开
…… ……
风，野趣横生
敲打着
这神秘的夜
这不安的四月
这低处质朴的芦苇

（本诗原刊于《桐城文学》2013 年第 3 期）

给我海

祈祷晚风
给我海
我已趟过小河
那是自由、民主的小河
我正驾驭一艘舰艇
经过长江，驶向大海
来吧
风
掀起波澜
抽打意象
我的航向不变

2013－05－03

她在看风景

她在海边
她在看风景
她在看空中飘动的白云
她在看远处草原上的羊群
她在看一只落单的羊匆忙前行
那只羊会不会遇到狼群
她一直在担心它的命运

…… ……

遐想中

她仿佛穿越了时空

想起千年以前

与一只狼刻骨铭心的爱情

一只鸟飞过心窗

一只鸟飞过心窗

挑起一帘幽梦

心中留下

至纯至美的鸟鸣

遥望那只小鸟的背影

心如海,浪涛奔涌

小鸟属于天空

大地是我的根

如果哪天我能在海上荡舟

那只小鸟恰巧飞在海的天空

相遇是我们的缘分

蓝色的伞

蓝色的伞

撑起一个太阳

撑起一片蓝天
哦！太阳。我心中的太阳
哦！蓝天。我心中的蓝

蓝色的伞
走过雨季,走进阳光
蓝色的伞
叙说一个美丽的童话
我撑着这把蓝色的伞
走向蓝色的海洋

夜

仿佛是在古战场
野马追秋风
野草遍地黄
乱箭,乱风
穿行……
被梦抛弃的人
这是多么的不幸
又是多么的幸运

海燕在大海上航行

如母亲的心
宽容、宽仁
白鸽飞在宁静的天空
轻灵、轻盈、从容
海燕在大海上航行
摇撼诗魂

母　亲

母亲的坟头已长满黄金树
绿绿葱葱
仰望夜空，我想
天堂的母亲会是一位女神
像她生前一样善良
像她生前一样美丽动人
母亲就像一朵鲜艳的康乃馨
开在我的心中
我要像母亲那样
坚强，而又与世无争

爱

爱,唱着远航的歌
蝴蝶飞不过沧海
只能隔岸观火

爱,唱着永恒的歌
醉
越过世俗

我的爱如茶
我爱的人用心品过
我的爱唱着轻灵的歌
在爱的和弦上滑过

这黄昏的雨

抱紧忧愁
奏着一支曲子
有些忧郁

这黄昏的雨
追逐落花流水
随风飘去

随风飘去……

思绪穿越雨雾
有些缥缈,有些空虚
这世界沸沸扬扬
又何惧风风雨雨

把爱留住

夏
风情万种,裸露风骨
野百合衔着蓝
相互追逐
呵！它们在感慨
这铺天的蓝,这浓浓的绿

蓝蝴蝶,黄蝴蝶
为爱停在夏的水域
蝉儿为夏,守着杨柳
——将深情倾注
呵！这个夏天
我们必须
把爱留住,把爱留住

致屈原

自从你投进了汨罗江
从此不定时掀起狂浪
两千多年的涛声依旧
诗歌伴着粽子飘香
诗歌伴着龙舟飞翔
诗歌伴着你长长的白发
我们激情抒写
我们深情歌唱
祭奠你的《天问》《离骚》《九歌》
将你的风骨点燃三千里江山

59 颗星不在天上

59 颗星不在天上
在我明净的湖面
顽皮、可爱
眨着眼睛，璀璨生辉

我渴望——
有悟空的 72 变
与 59 颗星周旋
还好，现在的 59 颗星啊
依然灿烂，我很欣慰

夏天的阳光

夏天的阳光
穿透力强
杏子黄了,枇杷黄了……
我和对岸的霞光握手言欢
天边那淡淡的蓝
也挤进我的心房
我不柔弱
我像夏天的阳光

写诗的女子

写诗的女子
从不饮酒
喜欢遥望天空
有一些淡淡的忧愁

写诗的女子
温柔
与世无争,不喜欢作秀

写诗的女子
似海鸥
飞来飞去无所求

难以梳理

春天去了
还会再来。我不知
下一个春天
和今年的春天有没有区别
就像多年以前
我们年轻的笑容
深陷岁月
被匆匆而过的风
覆盖。如今
堆积的愁绪将记忆折叠
难以梳理

昨　夜

——逯武君老师《六月的心情》读后感

昨夜
我从江南打马而过
月光下,流淌一帘幽梦
江南的女神一一与我握手
我饶有兴趣地询问
逯老师来过吗
女神们笑而不答
我明白了

逯老师已经凯旋

带走了诗意的半个江南

2013－06－01

走在大街上

大街上

一半是喧嚣，一半是宁静

尘世喧嚣，我心宁静

我一直在倾听

那沁人心脾的音乐

那是心灵流淌的心音

怀念，很是怀念

多年以前的小城

黄　昏

长堤

杨柳

朦朦胧胧

青蛙的歌声

融化在我的眼中

一条河
载着三三两两的小舟
消失在暮色中

一曲江南小调
令我沉醉

这个早晨

这个早晨
如同山路
曲径通幽
谜一样的雾
在眼前飘
当心误入迷途

你的徘徊
我的踟蹰
谁会创造奇迹
在五月端午
放逐一群白鸽
穿云破雾

仲　夏

仲夏
无声无息
蝉儿无奈喘息
浮尘,热气
我寻思——
脚踏实地
会不会把这个夏天踩碎

这个早晨

野花开在田野
似土地的眼睛
黄色的,白色的
那么多,那么纯
似列队的士兵
随一阵风向前飞奔
树林藏不住喜悦
飞出翠绿的鸟鸣
这个早晨
没有浮尘
没有深刻的思想
只有一些喜悦飘在空中

无　题

窗外
雨在忧伤
曾经的月光
停泊在一座驿站
一首诗颠覆我的记忆
走出迷茫

六月的雨

六月的雨
情意绵绵
给莘莘学子
永久的怀念
雨,是这个季节
真诚的奉献
花儿鲜艳
艾草蔓延
而雨的主题
一直未变

欢度诗人节

艾草
麦田
粽子
栀子花
光与影
汨罗江
召唤另一个世界
五月初五
有忠魂在此等候
欢度诗人节

今夜的月光

今夜。空中
有个古老的月亮
像眉毛
会发光
月光中有我
我心中有一个月亮
月圆,月缺
都会发亮
像今夜的月牙
俘获我的心脏

你，我

你告诉我
你正在辽阔的月光里
读着夜的心事
我仿佛听到
月光流淌的声音
美
感觉有些孤寂

我这里
雨季刚过
阳光炽烈
艾草、菖蒲浸染诗意
有一首诗在低处
很美
很神奇
没有阴影
只有光

光与影

阴影
悲凉

光
碎了一地

红叶
如血
艳丽
空中
有我一座水晶宫殿

叶

叶在燃烧
如血,似火
风在鼓动,叶在旅行
她闯入小溪,奔向江河
终将融入大海,感受辽阔

我不是坐井观天

我不是坐井观天
只是想静下来
休息休息
感受别样的情怀
我来自繁华的尘世

那里喧嚣如潮汐的大海
我不理会小鸟的嘲笑
只是想静下来
分辨一下好与坏
狂风暴雨来了
我藏于井底,也能免于伤害

无　题

梦正午
影子挣脱束缚
小径热浪翻滚……
梦不知该往哪儿去
沿途风景依旧
微笑不再
翅膀落入深渊
远方苍茫
梦,穿行在热浪中
寻找出路

越来越空

风无声
来去无影无踪

没有鸟的翅膀
夜空
越来越空

你向夜空
发问——
如潮的蛙鸣
可是你曾经的琴声
夜
却在低处呻吟
蝉儿正焕发青春

致　雁

当你
跋山涉水、遨游天空时
我正在写一首诗
这首诗质朴
没有华丽之词
这首诗
心存感激
你不忘北回归线
从不迷失自己

仲夏的傍晚

打开一扇窗
关闭一扇门
屋内拥挤着一些幻想
雨,渴望已久的暴风雨
为洁净尘世,正激情冲刷
山路不再泥泞
泥土清香扑进窗
仲夏的傍晚
虫儿轻吟一首《难忘》

观彩虹瀑布有感

久久仰望
我都读不懂彩虹瀑布的情感
如同那美丽的海市蜃楼
——虚幻
如同那高深莫测的股市
让人眼花缭乱
彩虹瀑布,我不敢接近你
彩虹瀑布,我无心为你歌唱

风过时

花魂碎了
在飞
你久久注视
不喜不悲
彼岸的他
听雨、听茶、听自己
不喜不悲
风过时
带走云的眼泪

我想知道

我想知道
今天的他
和昨日的他

我想知道
山中的他
和山下的他

占有欲极强的他
心中是否有一片海洋

再写风过时

风过时
正是仲夏
芦苇滩被风切割
芦絮随风

咏　荷

荷
花香心苦
满池起舞

怒放最美
凋谢藏风骨

夜

翠竹、小花醉在风中
夜异常宁静
月儿摄下了这纯美的夜景
夜以优雅的姿态听风

2013－07－01

我的爱

总想放慢脚步
把沿途的风景揽入怀中
再爱一次,那些逝去的
充满诗意的童年
激情飞扬的青春
可是——
我毕竟又爱上了中年的一幅画卷
静美。心如止水
那是时光动用了我质朴的画笔

一只飞翔的碗

一只碗,空中飞舞
月光下,绮丽无比
阳光下,变为彩虹
多么美!孩子为之欢呼
这只碗不会破碎
七月初七,化为云梯
五月初五,成为龙舟

我喜欢荷塘

我喜欢荷塘
荷花永远定格在心中
绿色的荷叶,是我的爱
正如我永远爱着青春
青蛙也许和我一样
对荷塘情有独钟
它除了唱响夏天
有时还在静静聆听
——莲的心事

昨　夜

昨夜,我喜欢了
一些人,一些事物
比如
衣袂飘飘的女人
像一朵夜来香
撑着一把雨伞
走在灯火通明的大街上
迎面而来的摄影家
摄下这瞬间的雨中美感
比如

一只黄鹂的叫声
飞出村庄
比如
一朵花静静地
开在我的左心房
比如
昨夜,我歇在大树下
安安静静的
感觉十分凉爽

空　地

山下有一块空地
有我绿色的呼吸
若干年后
也许成为一部诗集
一些硬骨头,一些寂静的灵魂
将在这里修身养息

旅　行

车,疾驰或慢行
坐在车上的人
有的静静,木讷

有的看风景，有的打盹
有的谈笑风生——
国内外新闻，各地风土人情
到站后，门一打开，像一阵风
有的上车，有的下车
碰撞，擦肩而过，都是缘分
不必回头，一切尽在不言中
继续履行职责，继续在尘世中旅行

晨

一些狗在拼命地叫
夜，醒来
一些人的黄粱美梦消逝
风，穿行于桥洞
一些困倦的灵魂在休息
夜间出没的牛鬼蛇神
惨遭晨光偷袭
这时，来了许多可爱的小生灵
踏着晨风，小心翼翼
朝阳给了她们无限的生机

七　月

七月
你说你不发光
我发现你的波光
在荷塘里荡漾

七月
我为你种下满池莲花
在月光下幽幽
在阳光下灿烂

七月
欣赏你的北国风光
南国的梦
依然浪漫

七月
何时
我们在蓝色的海洋
冲浪……

七月
我们在最深的红尘里
参禅
没有忧伤

我成了《小夜曲》

关门
开门
关门
开门
…… ……
这是孩提时经常干的
躲猫猫、捉迷藏
记得在乡村
早晨开门，黄昏关门
上学后，我懂得了
门有了引申义
比如关上心门
比如敞开心扉
比如祖国的大门
要牢牢的守卫
开门，叫对外开放
关门，叫闭关自守
那就要把握好了
什么时候该关门
什么时候该开门
足球大门
守门员要牢牢守住
昨夜的梦中

我一直绕着门
跑进跑出
糊里糊涂
我的梦里梦外
全是门
我的门里门外
全是梦
梦在奔跑
门在梦里
我成了《小夜曲》

等你,为夜点一盏心灯

夜,沉寂
锋利的刀划开夜的眼睛
夜隐忍,不说出疼

昙花用短暂演绎着悲伤
流星划过时,再次伤了夜的心
等你,为夜点一盏心灯

读你的诗

读你的诗
唤你的名字
而你的名字在千里之外
我凝视——
这烈日下纯情的诗
七月，是南国的雨季
你的诗带来了美
带来了喜气

明天的喜酒

时光兴奋
明天喝喜酒了
高温酿成的美酒
呵呵！高温，风度
时光匆匆
她曾经喝过百草浸润的酒
苦，她不怕
她曾经喝过月色
美，虚幻
她曾经喝过夜半的甘露
甜蜜伴着梦想

明天的喜酒
必定芬芳
明天的美酒
在希望中飘香

疲　惫

疲惫
还是疲惫
一浪高过一浪的热浪
没有新意
没有诗意
怎觉得铺张浪费
一种世俗,一种威力
不喜欢,永远不喜欢
我喜欢简单的美,不带任何的修饰

生命的轨迹

生活总是充满激情
生命的轨迹
在绿色的丛林中穿行
饱满
无声

临　窗

临窗
观景
也为长长见识
捡拾一份心情
微微的风
带来远方的音讯
幸福、快乐在阳光中
斟一杯老酒,我与远方对饮
醉在七月
闪电划破苍穹
漠视尘世的伤痛
这个黄昏
带着遗憾观景

中午时分

原野空旷
一阵风把热浪推远
天空明净,阳光倾泻
炊烟远去的瞬间
我的目光在注视蓝天

此时,蝉儿坐在密林里
歌声飞越,激情飞越
蜜蜂坐在野花中
幸福穿越,憧憬明天

夏天的树林

下午
我对天空说
希望炎热尽快过去
来一场清凉的雨
像找回春天的感觉
天空没有回答,依然高空
我对树林说
这浓绿的感觉真好
树林非常高兴,迎风招展
将爱情发布——
爱情鸟的歌声多么动听
我要告诉我的朋友
夏天的树林,美而深情

农家乐

阳光照耀
小桥流水人家，竹子摇曳芬芳
水塘里有多么美妙，海龟藏于桥下
白鹅拍着翅膀，水车激起浪花
我仿佛听到哗哗哗的车水声
往日农耕的日子在此荡漾
展览室里，纺车、爬犁、风车……
呈现一段农家的往日时光
灶台上正蒸着香喷喷的米饭
昨天中午，我们尽情享受着农家乐的美餐

漂　流

下索道
惊魂不落魄
那悬崖峭壁的险
把历史的画卷
激烈呈现
打水仗
飞溅的火焰湿漉漉……
漂流结束后，合影了
炽烈的阳光躲在山涧
与 50 个网友肩并着肩

漂流,漂流

漂流,漂流
登上诺亚方舟
在这个如火的阳历七月
经历风雨
漂洗忧愁

漂流,漂流
登上诺亚方舟
在下一个激情的阴历七月
飞上鹊桥
会一会牛郎织女

生命需要水中漂流

仅在地面上行走
是不够浪漫的
生命需要水中漂流

平平淡淡是美
探险,征服
是另一种深度的美

漂流，漂流
敲响快乐之门
唱响生命的力度

瞬　间

一颗种子
在我手心里膨胀
看着她发芽
呵呵！开出洁白的花
一阵清凉的风吹过
好爽　好爽

无　题

白天匆匆撤退
夜风习习
月光一泻千里
我被月光清洗
包括我的记忆
我从容地跨越夜

一个人的早晨

站在花丛中
她成了花王
树林里的鸟鸣
轻轻触动着她的惆怅
蝉儿的呐喊
打翻她想象中的乌托邦
这是一个阳光明媚的早晨
她望着远方

无　题

心海里起起伏伏
装不下这盛大的弥天大谎
从希望到失望
好了，你别再给我希望
我自己会走出迷茫

晨

晨，在风中战栗
我在风中拥抱晨光

这时,我才发现
潮湿的晨光
异常空旷,充满希望

我的村庄

风把白天吹皱
阳光拐个弯
从柳枝中漏下
柳笛声声醉
把炊烟唤起
有鲤鱼跳出龙门
有鸟儿结伴飞行

路在脚下
荷塘里有村庄的倒影

夏,小清新

宋词雅致、婉约
轻嗅荷的芬芳与宁静
微风吻过竹林
向荷靠近

荷叶微醉
拥着那些蓝色小清新
溢出体内的绿
融于一个个纯纯的蓝心

致桐城作家光齐军

一个住在古城的人
一个走遍全中国的人
一个喜欢写散文的人
一个拿了好几个散文大奖的人
一个对自然倾注深厚情感的人
一个情感细腻、热情奔放的人
他写《树长在树上》
他写《我以瀑布做披风》
他写峡谷里的《金元石》
他写《天涯有个天龙洞》
…… ……
《我以瀑布做披风》,他手执利剑
《为一朵花微笑》,他柔情万分
他的散文注定成为不朽
像那高高的山峰

夏　夜

一些思绪从体内出逃
如水。如烟。如鹰
月光蒸发了水分
月光缠绵了鹰
如潮的蛙鸣
跌入荷花仙子的梦中
也颠覆了我们的睡眠
隐隐约约,似有木鱼声声
蝉儿,从山林里逃遁
搅乱尘世的好梦

夏　天

蝉儿在林子里表演了一个多月
还没有离开的意思
青蛙每天夜里嗓门最响
搅乱荷的芬芳

此岸彼岸,那些精神恍惚的人
是否还在水一方

时光与我

握不住时光
而时光关注了我
在我的体内游走
令人昏昏沉沉
我敬畏生命
时光中游走的我
不会两手空空
我敬畏天空
天空深邃,辽阔无垠
而时光终归抛弃我
如抛弃一粒浮尘

(本诗原刊于 2013 年 11 月 27 日《新安晚报》)

有风的日子

有风的日子
天空堆砌云朵
丰富多彩
红红火火

那天空的呓语
冲破云山雾罩

仿佛要停在这个夏天
让人迷惑

晨

一只鸟
站在清晨的树枝上
鸣声翠绿
含苞待放的花儿
在憧憬中
端坐

想象的风
唱着《伶人歌》

这个清新的早晨
禅在心里住着

一只流浪的小鸟

我是一个丢失故乡的人
好悲伤
我飞过荒原
飞过村庄

飞过森林
飞过高山
飞过湖面
飞过废墟
在废墟的尽头
我发现了波澜壮阔的海
我问强大的海浪:你可知我的故乡
海浪没有回答,仍然飞奔激荡
我问南来的燕子
我问北归的雁
我问凌空的苍鹰
我问企鹅
我问海鸥
我问快乐的海姑娘
它们都没有回答我
这一生,我注定是一个没有故乡的人
我很沮丧

桥

桥面上的人
来去匆匆
与时光擦肩而过的是他们的灵魂

如今
河水奔腾

两岸的百姓来来往往
他们人性的绽放如绚丽的彩虹

我在清晨的田野

我在清晨的田野
唱着《黄昏》的小调
不远处,一头老水牛
漫不经心地咀嚼青草
它的背上站着几只大白鸟
悠悠地唱
空中淡淡的流云
远处云烟缥缈
我坐在荷塘边
看夏荷如何走进秋天

晨　曲

鱼,在荷的深处
忽左忽右
吹着水泡
荷,倾听
牧童的笛声
朵朵绽放微笑

风,吹起杨柳
阳光抚慰树梢
有鸟儿飞过小桥

秋　荷

荷
咳嗽着
在高温下感冒
心瘦了
她在牵挂海
还有远去的舟
现在,只有月色拥抱她

荷
在初秋有点张扬
内心的动荡
造成创伤
她独自饮下月光的毒
在秋风里憔悴
在秋风里黯然神伤

这个黄昏

——为农民工的妻子而作

喜鹊们在交谈着什么
有谁懂他们的鸟语呢
小树在摇头
荷花仰着头
这个黄昏——
谁的灵魂失落村头
谁的眼睛在喷着火
远方累了
我累了
时光累了
喜鹊还在忙碌着

再写狗尾巴草

这个夏天,一出门
我就会与狗尾巴草相见
我与狗尾巴草挥手致意
很是喜悦
我也会抚摸她
而今,秋高气爽
连续的高温迫使她交出绿

她一天天憔悴
我很伤心
狗尾巴草,她已不再年轻
尽管她曾经如诗如画
而今,离我们越来越远
在一首诗里
我会将她永远珍藏
我对这最多情的草
倾注了真情、真实

我珍藏的狗尾巴草

一根狗尾巴草
我珍藏她
她跑不掉了
我曾经也是一根狗尾巴草
在原野,在村庄
心中总装着一碧湖水
直到那天遇到这高高的
超越我的狗尾巴草
我怦然心动
她低头瞧着我
恰巧,我仰视她
也许我们本是同根生
要不然,我们有那么多的相似

我们都知道感恩阳光、雨水
我们都倾慕对方
可是,我们毕竟有那么一点差别
“十个手指有长短
荷花出水有高低”
我必须对我珍藏的狗尾巴草说清楚
我尊重你,并不代表我永远仰视你

由狗尾巴草想到的

狗尾巴草
藏在我身边
她的魂
也许正渐行渐远
正如我的梦
在热浪中翻卷

我想到我的学生,那些留守儿童们
这些娇嫩的花朵正鲜艳
隔代的爱,让人担心
他们的梦该怎样实现
社会各界人士也该出谋划策
怎么办 怎么办
怎样让祖国的花朵更加鲜艳

夜

唧唧啾啾
唧唧啾啾
窸窸窣窣
窸窸窣窣
秋虫在呢喃
留一丝温存与他

夜，飘浮着高雅
我在咀嚼一些月光
留一份想念与他
这多情的夜
在我心中膨胀

落叶飘进黄昏

落叶飘进黄昏
我多看了几眼
夜
在我空荡荡的心里搁浅

世　俗

当世俗出现在月光下
我发现了她的高雅
梦醒时分，我泪流
不是激动，不是悲伤
而是一种委屈
那个世俗竟然来自雪山

观　雨

一场雨疾飞
旧时光溢出
你不会纠结
你有一把雨伞
可以遮挡风雨
桥上雨与街上雨
没有什么区别
你在桥上观雨
比在街上观雨
更有一番滋味

那棵树

那棵树
无论站在月光下
还是站在阳光下
都是那么器宇轩昂

我仿佛一粒沙尘
偶尔飞进时光
切记
学会把一切放下

我们的梦

月光
迷失在湖水中
不断的破碎

荷花的香气
迷失在荷塘
温馨一个秋季

我们的梦
唱着绿色的歌谣
一直没有迷失

无　题

蝉儿
购置一抹夕阳
准备回家

阵阵秋风
来自北方
探访早晨的村庄

雨
扎进黄昏
带着远方的惆怅

任思绪乱飞

绿色的风一直吹
吹乱我的头发
吹绿我的思绪
我在林荫道上一直往前走
希望寻到鼓浪屿的诗句
林中滑落翠绿的蝉鸣
像碎瓷,像翡翠
我弯腰捡起,贴在胸口
任思绪乱飞

早　晨

早晨
太阳伸个懒腰
拉长了影子
朝我们走来
东方的云,喷着火
一只小鸟疾飞
我弯下腰
伺候我那几盆菊花
先抹去花盆上的灰尘
然后拔去杂草、浇水
我轻轻抚摸着一株株菊花
希望这个秋天
菊花有更多的爱

秋　风

秋风来了
所有的花草
以及树儿
都在摇头
秋风迷惑
是不是不欢迎我啊

正想着
一滴滴露珠也悄然溜走
这个早晨
秋风陷入沉思

初秋的狗尾巴草

鸟鸣声声
跌入草丛
秋雨过后
狗尾巴草找回了青春
她珍惜时光
藏好鸟鸣
林中风铃声声
唤醒她温馨的梦

荷

一只鸟从她身边飞走
飞走的——
还有蝴蝶、蜻蜓
以及各种昆虫
她坐在自己的影子中
异常宁静。她在倾听
渐渐远去的马蹄声……

清新的阳光

风雨过后
阳光格外清新
她跌入湖中
打破湖面的宁静
岸上杨柳驻足
鸟儿停止歌吟
一只小舟奔来
带来“波光粼粼”

乡村的窗

一扇扇窗,如摄像机
摄下一幅幅美景
乡村的窗与城里的窗相比
显得格外明净
没有喧嚣,没有浮躁
打开窗,光在晶莹流动
光中有绿色的呼吸
光中有小河的流水声
你看:谁的倩影在窗前晃动
引来树下痴情的眼睛

二叔与窗

二叔是建筑设计师
他设计的房子
窗户很多
他常说
我喜欢打开窗户说亮话
我喜欢窗户与窗户相对
那就会有——
光的对流
空气的对流
心灵的对流
呵！二叔设计的窗是心窗啦

窗　前

这个季节
窗前的大枣成熟了
翡翠渐渐变成金黄
磁性的鸟鸣滚落一地
甜甜的金黄随风飘下
她们不会走出故乡
可是，树下曾经的顽童
飘落异乡，与钢筋水泥为伴

看风景

小桥把竹林分开
碧绿的河水
流淌着一个春天的梦
阳光在燃烧
油菜花在燃烧
谁在竹林中种下鸟鸣
谁又在天空中布下迷魂阵
我们看不到云朵,听不到风

读　秋

八月
我在静静读秋
我看见——
夏的尾巴伸过来
游离,燃烧

八月
蚂蚁钻进落叶
寻一片宁静
我在静静读秋
秋如向日葵,在燃烧

麦　子

我曾经摘下一穗飞翔的麦子
握在手中,小心翼翼,小心翼翼
可是,还是被时光吹落
时光的威力真大啊！我返回麦地
我的头顶,小鸟在唱着轻盈的歌
感觉那飞翔的麦子已种进泥土

2013－09－01

断　章

(一)
八月
片片树叶落地无声
荷塘中
并蒂莲随风
树上两只鸟相互依偎
甜蜜中

此刻
我想起我们逝去的青春
正如
丢失一把油纸伞的雅兴

只好整一整凌乱的思绪
在秋天里寻一些短句，致青春

（二）
驾一叶扁舟
行驶在青春的河流
唱着时光咏叹调
悠悠
云朵飘来，美而神秘
而青春的脉搏跳动着
跳动着　跳动着
…… ……
与我们渐行渐远时
没有刻意的挽留
蓦然回首——
那是激动的心跳伴着落叶飞舞

（三）
我顺着台阶下山
不问青春的路怎么走
要走
就一直走到丰盈的秋
偶尔回首
挥一挥手
山上一朵兰花就冲着我笑
她好像永远没有忧愁

传说她暗恋过山顶上的一棵松树
满山的红叶都为她害羞
山脚下两棵枫树相爱很久
他们收集信息,把爱高高托举
山上的风景真好
微风,仿佛来自山口

(四)
青春是一首朦胧的诗
很美很美
她在四季的梦里
渐渐长大,无怨无悔
不要说青春太美
时光的画笔——
也曾留下灰暗的色彩
不要说时光匆匆,带走了青春
青春永远是一首歌,一首诗

(五)
春,拥有你
我是多么开心
迷离中——
风跑来
一脚把你踢向椭圆形的秋
伤离别
我忍住泪

我必须忍着泪
我抱着圆圆的夏
风尘仆仆——
去拥抱丰盈的秋

(六)

九月。阳光似乎柔和了一些
中稻又黄了,沉甸甸的
——稻浪翻滚
石榴高挂枝头,很是诱人
离枝的叶子悠悠下沉
一个少年站在我的梦中

九月,归校的孩子

九月,归校的孩子
占据了学校的空间
他们像夜空的星星
调皮、靓丽
好动是他们的天性
只有爱让他们静下来
爱在丈量着——
他们心灵的宽度和高度

秋　夜

秋夜,月光静静
仰望,眼神依然纯纯
那天上的星星,可有我
前世的亲人

开窗,抱一缕月色入眠
梦里,似母亲唤我乳名

蒙　尘

秋阳暖暖,天气干燥
路旁的小草小花蒙尘
公园里的花草蒙尘
田野里的庄稼蒙尘
今天下午
校园里进行了一次大扫除
擦玻璃,扫灰尘
校园里的孩子不会蒙尘

昨天下午的雨

先是雷声，后是雨
——无风
雷声很大，雨很小
一些浮尘匆忙逃遁
城市喧嚣，村庄静静

昨天下午的雨
是哪一场雨的影子呢
感觉这场雨也是一道风景

无　题

未至晚秋
心中已飘起红叶
一片追着一片
曼妙起舞
那残留的一点绿
时光在尽力呵护
绿在紧紧拥抱时光
唯恐自己消失
红叶艳丽，引人注目
而绿仍然充满希望

走进九月

走进九月的河流
正赶上中秋的月亮
月桂飘香，朦胧而彷徨
走进九月的田野，阳光灿烂
喜看铁牛收获飞翔的庄稼

呵！我如一滴水融入大海
喜气洋洋

我是秋云

阳光懒洋洋
九月的林子
洒下一地鸟鸣
嗨，我的王
我姗姗来迟
很是优雅
我是秋云
奔跑在山涧
随风飘荡
我是秋云
徜徉在海滩

聆听咆哮的海浪
而今,走进九月的林子
紧紧拥抱我的王

我是秋风

我是秋风
拖着疲惫
攒着灵气
嘿！为伤口打着补丁
是时尚,还是麻木
喂！我的王！你知道的
趟过小河,我去大海
你会不会——
你会不会一直在追
我在深秋的港湾
正准备起航
茫茫大海
无论白天黑夜
我都不会迷失方向
把白天留给你
把黑夜留给我吧
深沉的黑夜
有我深沉的思想
月明星稀的夜晚
有我童年的梦幻

一只鹰飞过清晨

嘿！草原
一只鹰飞过清晨
草原的天空更加高远
我看见重金属落地生根
长出嫩草,纯美
露珠点缀绿绿的灵魂

炊　烟

童年在田野
甩着羊角辫仰望炊烟
如今,中秋将至
我却怎么也追不上
逐渐消失的炊烟
只好给燃烧的秋天
添柴加火
寻一缕炊烟
温馨如昨,爱在中秋
爱在家乡的田野

中秋的月亮

秋风起
中秋的月亮还在西山之外
她抖擞精神、快马加鞭
带着神话,还有风情小街
——向我们奔来
月到中秋分外明
今夜,将有一些小星星
围着她抒发情怀

我删除了一个叹词

我删除了一个叹词
最尖锐的叹词
我不让她在秋夜里尖叫
我想让我的形容词发芽
阅尽人间春色
赞美硕果累累的秋天
我的一些名词来自春天
如今潜入秋夜
将成为月光,如雪纯白
我的一些动词
时常与岩石碰撞

我想让她成为流水
千里迢迢奔向大海

十八的月亮

十八的月亮，在飞
我口渴了，饮茶
一直关注着
月亮飞行的方向
问一问秋风
你喜欢十八的月亮
还是十五的月亮
此刻，我偷偷地笑
喜看月光下的诗行
如雪一般
在我心头堆砌
又悄悄融化
我拥抱十八的月亮
我怀念十五的月亮

一尾鱼浮出湖面

秋风吹皱了一碧湖水
瞬间，一尾鱼浮出湖面

它有莫名的惆怅
还有深切的思念
它在等去年的秋风
还有前年的大雁

诗歌,你是我的情人

梦中,流过一条受伤的河
痛,在静水流深处
痛,说明我还活着
在一曲洞箫中与死亡擦肩而过
一首诗拥着遥远的月光
在黑夜中站到天亮
思绪,是一匹马
陷入很深很深的古道
和仲秋一起上路
思绪,是一片海
一腔热血点燃灵魂
燃烧
大山沉睡,还有那片山林
我是雁
站在仲秋的枝头
我要以秋的名义歌唱
尽管我累了
昨夜——

邂逅梦中那条受伤的长河
她正在阳光中疗伤
我的梦里梦外都是阳光
秋天,我想拥抱更多的阳光
诗歌,你是我的情人
情人,你是午夜那盏明亮的灯

雾,堵在清晨的道上

雾
堵在清晨的道上
守候着
坚持着
路陷入茫茫中
仿佛被洪水淹没
鸟的啼声,疼了这个早晨

问 秋

秋风起
我不知是正风
还是歪风
问秋,收获的季节
秋阳高照的季节

飞翔的庄稼
为什么被歪风卷走

2013 - 10 - 02

一只蜘蛛在结网

在秋天,悠闲地
看一只蜘蛛结网
也有意思
看累了
就抬头看看天
还好——
天,还是蓝盈盈的
蓝,融入我的眼中

年轻真好!

在小城遇上桐网几个文友
几天来的纠结,像一阵风追着浮云
沉入九月的大海
看着比我年轻的文友
我不住地感叹
年轻真好!年轻真好!
十月的大海,是崭新的,蔚蓝的
十月是收获的季节,尽管有风暴

我在读诗

黄昏时分,我在读诗
一首意象诗飞上天空
被晚霞收集
卷进夜色
静思

明天是一首诗
她会站起来
给我吻,给我拥抱
我会醉的,醉成月光
醉在雪花纷飞的尘世

昨夜梦见母亲

昨夜梦见母亲
还有母亲那飘动的头巾
母亲会背增广贤文
经常拿来教育我们
母亲吃斋念佛
经常接济有困难的人
不允许我们践踏微小的生命
不允许我们吃狗肉

牛肉、羊肉、鹅肉
母亲说狗很贱,它吃屎
牛羊鹅吃草,是在修行

母亲的话刻骨铭心
难以忘怀
只是,在吃的方面
总是被大大的忽略了
不是说——
酒肉穿肠过,佛在心中留吗
昨夜,母亲的头巾有点发颤
母亲脸上的皱纹似乎更深
我很当心,母亲在天堂是否快乐

立秋过后,就没怎么下雨
我在浇花时会想起母亲
我在遇到困难时
会不由自主地想起母亲
我想在九月九爬上山顶
俯视广袤的土地,那
居高临下的感觉一定不错
抬头看云时
我会仔细寻找母亲那飘动的头巾

晚秋随风，几多惆怅

这个秋天
不是起点也不是终点
我有一支笔
一支饱蘸墨汁的笔
在空白纸上画画
抑或写诗
我画近处的稻田和原野
我画远去的炊烟和麦子
画的下面赋一首诗
意味深长……

一片落叶飘进我的画中
我欣赏她不安、害羞的样子
一片叶子从不贪婪
我喜欢看她在风中飞舞
雨
是这个季节的画外音
来去匆匆
风
是尖锐的、冷漠的
晚秋随风，几多惆怅

我是叛逆的风

今天小雨,北风
一动就热,一静就冷
晚秋的节奏快了
晚秋的色彩暖在文字中
我是叛逆的风
吹散空中的浮云
还天空以明净
我是叛逆的风
越过晚秋,与雪一见钟情

今　天

浮云散去
风的壮举
蓝蓝的信念擎上天

这个季节真的适合抒怀

秋阳明媚,流淌着爱
阳光消融一切的不快
我将我的动词

掺些高粱，酿成美酒
献给硕果累累的晚秋
呵！
这个季节真的适合抒怀

我在秋风里沉醉
看红叶飘飘
陪晚秋狂欢
呵！
太阳每天都是新的
这世界充满爱

今日重阳

今日重阳
登山远望
满目秋山
秋阳流淌
拍几张照片留作纪念
遥想——
夏日绿的火焰
年年岁岁点燃青山
如今，满山草木焦灼
叹
叹
叹

你看,天空淡淡的云彩
那么雅致,那么悠然

为夜写诗

满满的白天
只有夜留白
用喜欢的文字
填满空白
我为夜写诗
夜在抒怀
为情
为爱

哦！胡杨

哦！胡杨
我爱你,爱你的顽强
你,扎根荒漠,与命运抗争
不畏酷暑,不畏严寒
只为燃烧一个秋天
只为秋天里一个美丽的童话

哦！胡杨
我爱你,爱你美的迷幻
你抱残守缺,在两个世界的边缘
战风沙,历经磨难
如今,逗留在你的留白处
仍然看到
你枕着一段温馨的河流
享受一片蓝天
在秋天里深情歌唱

我必须时时擦亮镜片

我戴着近视眼镜
我的眼镜经常蒙尘
我一遍一遍地擦洗镜片
直至明净
在我的注视里——
世界赤裸地展示人类的灵魂
有的抵达,有的飞离,来去匆匆
我想看清人生的真谛,以及生命之重
所以啊,我必须时时擦亮镜片
今天才发现,镜片被我擦得满是伤痕

在晚秋中

鸟鸣在晨曦中
倾斜了一个清晨
一个古典端庄的小城
端坐云层,述说文明
一个清新古朴的山庄
在晚风中抒情
这个清晨
我目送晚秋的背影
以及晚秋中放飞的鸽子
眼睛渐渐湿润

远航思绪

飞翔的海浪
似跳动的音符
海风演奏着动人的乐章
——声势宏大
海浪中飞翔着我的思绪
似盛开的一朵朵彼岸花
我在海风中穿越一段往事
抵达蓝蓝的月亮湾

落　叶

落叶不安静
在大地之上
在溪水之上
在孤独之上
飘零　漂流
落叶的沉思
掩盖不了一些寂寥
山还是那座山
风还在说着痴话

我在月光下泛舟

月儿高一脚,低一脚
向我奔来,抛弃阴影
这个夜晚宁静
我和月光相拥
我自由呼吸
如此温馨
昨日的,前天的
所有的忧愁,随风
不去计较诽谤
不去过问凡尘

我在月光下泛舟
悠然　幽静
得与失,成与败
在岁月的尽头消融
若隐若现的诗魂
游荡在朦胧的夜色中
我看见夜空中不眠的星星
还有——
诗的翅膀在扇动

似火的枫叶

似火的枫叶
瞬间抵达心尖
温暖着这个秋天
时光串起一片片红叶
温馨缠绵
意蕴深远
红叶燃烧着晚秋
每一天,每一天……
红叶似心仪的人
风度翩翩,风度翩翩……

我相信红叶的生命永恒

下山时,邂逅红叶
这些红叶来自山顶
她们沿着台阶,抖动着
向山下飞奔
这个台阶——
我曾上过,也曾下过
可是,雨水总是找台阶下
蹦蹦跳跳,快快乐乐
像这些来自山顶的红叶
我相信红叶的生命永恒

我的意识

今夜
我的意识陷入空蒙
无论南北,无论东西
麻木不仁
一个人的意识
从不说疼
夜,意识在飘
在秋风中
在网络中

在文字中
夜,潜意识里
像嚼着黑芝麻饼
甜甜的夜
甜甜的饼

哦,这是梦

我狠狠地扇了他两巴掌
他没有回手,站在那里一动不动
旁边的一个陌生人恶狠狠地回敬了我两巴掌
——我一点不痛
哦,这是梦
一个荒唐的梦
梦中,斯文扫地;梦中,都是疯子
还好,没有丢失灵魂

无　题

抽出一池秋水
收获了鱼
岸,瘦了
岸边的垂柳随风悠悠
一地落叶像一幅画的败笔

秋虫呢喃，柳笛声声
少年的梦逗留在此
很是意外，一只雁还在空中

与鱼邂逅

那么多的鱼与你邂逅
你必须交出灵魂
将所有的爱藏于内心
那么多的鱼
是攻击你，还是诱惑你
你躲什么呢
双手合十吧
你应该双手合十
在喧嚣中，保持心之宁静

2013－11－01

草的纽扣

这个深秋
草还活着，风可作证
风吹来——
草张开博大的胸怀
清新，淡然

草渴望雨水
不再愿意燃烧
草的纽扣永远是一个心结

欲　望

膨胀的欲望在穿越
有一些欲望想侵入我的体内安家
我一呼一吸,任进进出出的欲望
——游荡,释放

致小女孩

你从天边来的吧
现在正耍着小脾气
我不知你的前生
只知现在的你
有时淘气,有时如诗
你从深秋的边缘滑过
匆匆来到初冬
把一些小欢喜小忧郁
——激情演绎

心中的蓝

（一）

心中的蓝飞上天空
倒映湖中
蓝天孕育一个梦
——点燃激情
梦在飞翔
梦，如诗般的明净

（二）

天连水，水连天
蓝，从心中喷涌而出
上天入地
蓝，飞上天空，追着浮云
浮云融于蓝
蓝，坠入湖水，与水相拥
平静如镜
蓝，如诗如画
天上人间，诗意栖居

秋影渐远

匆匆而来
匆匆而去
一些文字——
在晚秋中留下痛楚
月光下,秋影渐远
红叶满地,祭奠秋的离去

无 题

看
大片大片的雪花落地无声
听
一声追一声,滚落寒号鸟的啼音
远处,苍茫的原野上
有梅花与雪花心心相印

我想出一本诗集

海浪的声音属于海
还是属于天空
我仔细地听,仔细地想

忘了来时的路
青春永不回，青春有多悔
我想属于海
我想属于诗意的天空
我想出一本诗集
可是……

走进月亮城

云上有一颗星
似旷野中一匹野马在飞奔
云下有一只鹰
飞翔中，享受缠绵的风
鹰告别秋天里的片片树叶
在长夜中打开了一扇心门
…… ……
风，翻动初冬的诗集
走进月亮城

北方下雪了

北方下雪了，白茫茫一片
我想，那是上天发给人间的一张白纸
人们各就各位，诗人该写诗了，画家该画画了

一匹白马在雪地里疾驰
呵！融入眼中的尽是白，如诗

我爱雪——

农历十月小阳春
暖阳一如既往地抒发情怀
雪花，在北方无声飘落
南方的我，如一粒尘埃
静静的，耐心的
等待一场雪的到来
我爱雪——
北国的雪，南国的雪
都是我的宠爱

今夜很乱

一匹马在黑夜中疾驰
野性十足。我向它招手
它立刻来到我的面前
蹲下来，格外温顺
我有些不知所云
仰望夜空——
似有洁白的羊群在飞奔

呵！迷蒙的夜
呵！辽阔的草原
还有重金属的诗句
一齐涌向大海

小　诗

风,吹开波浪
在湖中安家

鱼企图腾空
触摸阳光

一首小诗远离世俗
在雪山之巅
一如既往的歌唱

今日小雪

暖阳如春
“小雪”被颠覆
杨柳岸,长亭外
季节在漂泊

画　雨

我想画出雨的模样
我不停地画，不停地画
画出一张又一张
左看右看
像是森林里大树的模样

雨的随想

雨
替代雪
季节
总是悬念
意象
在意识流的边缘

一棵树

一棵树是我眼中的风景
星星、月光送走光阴
这棵树一直在我的房前
未曾离开我的视野
阳光下，风雨中，都是那么健美

月　下

月下
冬正在酝酿着，夜也在期待着
我很是悠闲，谱了一曲小调
轻轻地唱，轻轻地唱
那个喜欢听歌的人，在路上

我　爱

我爱雪花
还有雪莲花
我爱天空
喜欢鹰击长空的灿烂
可是，我漠视浮云的懒散

我爱大地
喜欢扎根土壤的大树
可是，我有过迷失
走过风雨，走过阳光
总能听到母亲的声声呼唤

镜子里的爱

镜子里的爱,清纯的
在一本诗集的扉页漫开
孩童用一个诗意的动作
足以在镜子里播种爱
童心撞击镜子,童心开辟
一个小诗的平台
智慧铸就诗魂
新的麦子获得爱
诗魂以美的姿态
“面朝大海,春暖花开”

星光下的含烟村庄

无法丈量
夜色冷清
星光下的含烟村庄
有松鼠跳动在树上
有黄鼠狼上房
有不知名的小鸟拖长声音鸣叫
含烟村庄一如孤寂的深山

一把红雨伞仿佛在听雨

一把红雨伞仿佛在听雨
冬的心事已经走远
早春正唱着绿色的歌
岩石上生长着爱的誓言
雨水滋润石缝中的萌芽
红雨伞变成小红花,美艳

诺　言

一封信件也许在路上
我等了整整一周
一些人的诺言也在路上
兑不兑现对我已无所谓
可是,我的诺言
决不会随风而逝
因为,我懂得一诺值千金

夜　空

天空有一群吻火的云
雷夹在她们的中间

这是冬天布的雷
很危险,很危险
月下,风摆杨柳
此时,一首小夜曲穿越林间

日　子

一滴墨水溅到稿纸上
如深潭
我很担心日子掉下去
陷入艰难

2013－12－01

围炉夜话

雪
搁浅沙滩
夜
抛弃时光
我们
围炉夜话
饮酒作诗
通宵达旦

今夜——
诗,生于酒
诗,死于茫然

回　忆

我在秋天的路口深深呼吸
当年草地上那个扑蝶的男孩
仿佛拥有了整个春天

听　风

月光
洁白,温情
风
温柔,冷峻
亲,这个夜晚
我一直在听风
香樟树下
有风甜蜜的身影
香樟树下
有风深情的回声

与“大雪”握手

与“大雪”握手
紧紧的。真的不容易
我梳理着头发
轻轻的，慢条斯理
这是父母赐予的青丝
没有理由不去珍惜
风中荡漾的这三千青丝
别具情思

我说：“大雪”了
还没下过雪
今年好像是暖冬
同事顺芳说：不错
几年前九月就下雪了

清晨下了一场大雾
预示着有一场大雪来临
我想：最好是下一场雨
雨滴穿越冬季
到达春，滋润三月的油菜
还有青青的麦苗
三月有我的一首情诗
飘在雨中，更浪漫神奇

生　机

雪压枝头
清清白白
倔强的绿是春的使者

夜

我们都是夜的臣民
深夜书海游荡
有一天,我们交换了夜
你的夜里
有鹰在云上飞翔
我的夜里
你是否听到了海浪的声响

一座空城

一座空城
感觉很残缺
不去理它
留给雾霾吧
早晨画一幅抽象画

傍晚写一首抒情小诗
夜晚宁静,适合读书
读着读着,深夜就浅了
空城不空时
夜,才会陷入深度睡眠

滑冰的姑娘

一朵雪莲花开在冰上
凝成一幅灵动的画
智慧,形而上

冬日的河流

大雪覆盖着冬日的河流
河流的语言显得苍白
往日,她是蓝色的火焰
而今,她只想冬眠

晨

朝阳升起
雪山如诗
思想者将从这里起飞

岩石是一座城

岩石今夜没有燃烧的欲望
没有往日的从容
她想在黎明时分
去另一个天地,又恐雪花纷纷
一幅油画,交出岩石的灵魂
岩石是一座城,一座永不陷落的城

冬　夜

越来越冷的月色
将群星围追堵截
麦田里
蓝月亮只停留片刻
云朵亲临原野
北风在山坡停歇
夜空有泪
坠落荒野
人间也有
解不开的情结

香樟树

挺立的香樟树
走过阳光
走过月光
走过星光灿烂
走过一群群小画家
树上还藏着一群音乐家
有一天,我们扬帆远航
那香樟树成了我们思念的远方

我躺在喧嚣的小城

严冬
大山和大山中的父亲
静静地睡着
寒月,冷清

北风,从麦田吹来
大山怎么还不醒
我躺在喧嚣的小城
失眠,闹心

卷四 河流的拐弯处

——远航小诗日志 2014

别了，2013

烟花如飞翔的火焰
她的左翅膀——
安上了我的思绪

2014－01－02

黄　鹂

林子大了，什么鸟都有
可是，雪花纷纷的林子里
百鸟逃遁，只有黄鹂在歌唱

黄鹂是诗人
她与红梅一同报春
她歌唱春天，她歌唱自然
“黄鹂虽小，肝胆齐全”
黄鹂伴着山村成长

雪花飘飘

雪花纷纷扬扬
诞生一个美丽的童话

白雪公主
衣袂飘飘
独享北国风光

南国的月光下——
王子正马不停蹄地
向北国进发

影子，我的朋友

白色的情绪来自原野
旧时光像流星一样划过
我的影子去了哪里
这个夜晚，我失魂落魄
影子，我的朋友
回来吧，来我的怀中
影子，我的朋友
回来吧，与我一同入梦

很想去远方

远方的诱惑力太大
我真的很想去远方
会一会陌生的河流

见一见火山，冰山
其实，这一生我哪儿也去不成
我的大山安详而伟岸
山林够我永久徜徉
我的河流魅力而宁静
鱼儿也欢畅
岸上，风吹走一些鸟鸣
皎洁的月儿每天追赶着太阳

天空，你尽管深沉

天空，你尽管深沉
雾，蒙不住我的眼睛
一颗星不会恋上一朵云
当流星释放了一个人的灵魂
谁会懂得流星的苦心

风在清晨敲响钟声
天空，你尽管深沉

冬　雨

冬雨，细细的下
密集的雨在我眼睛里成了雾

这中年的雾,空灵
不占道路
北风,斜斜地吹
雨被风吹得缥缈,正如我的思绪
此刻,我的思绪飘进乡间深深浅浅的脚印
绵绵的,甜蜜的,飞上香樟树

梅开在腊月

梅开在腊月
远方
风在向梅告别
岁月
轻快的跨越季节

梅在树的远方
树在梅的远方
风是曼妙的漂泊者
梅在等下一季的风雪

温　度

在季节的空隙
寻找忽上忽下的情绪
把月光藏在怀里,叙叙旧

风过竹林

风过竹林
种下一些刀光剑影
风,着一袭蓝色的旗袍
飞奔
唯美的竹林郁郁葱葱
留下多少侠客豪情

今夜的诗

今夜的诗
随风,升腾
如一季的花魂
淹没风雨中

今夜的诗
如梦
如那雨中的路灯
邂逅多少漂泊的灵魂

今夜的诗
瘦骨嶙峋
遗忘多少爱恨

邂逅那座茶山

夜空
曾经支离破碎
自从在月下邂逅那座茶山
馨香弥漫沁入心扉
如今,夜空梦幻般蔚蓝
聚集着自然清新的气息
我闭眼,陶醉

老水车

老水车,从我的童年欢快地跑来
向我滔滔不绝地述说着她的欢乐
水车,蹚过深深浅浅的河流
与各种大小鱼儿握手言欢
河流,惦记着老水车
老水车深爱着那个时代
我们怀念老水车,亦如怀念我们的童年

奔跑在山涧的诗

奔跑在山涧的诗
怀念旧时光
松立于山峰
风迷离,雾弥漫
雾中有我淳朴的梦想
如同尘世中不能没有你
向着远方,我们一起出发吧

怀　念

父亲是一个完美主义者
比如,过年的鞭炮烟花要最好的
有一年的开门炮放到中间不响了
父亲很是恼怒

老公不追求完美
快过年了,我催促他把厅里的坏灯泡换掉
他倒好,不屑一顾的
不是还有许多盏灯亮着吗
呵呵！随他去吧！厅里的灯够多的了
我心平气和,我不恼

记忆中——
在娘家，每年的年饭都是父亲做的
香甜可口
现在，每年的年饭都是老公做的
也是香甜可口
我还是怀念父亲做的年夜饭

今天腊月二十八

北风睡醒了
呼呼呼……
年已近了
黄梅已经开了
想起唱黄梅戏的老乡们
不知心里有没有一朵黄梅的心
我与一朵黄梅相遇
此刻——
她不懂我
我也不懂她

飞　翔

蓝色的眼睛
一片空旷

雾,缓缓而来
覆盖旧时光
蓝色的词汇
如海浩瀚
汇成蓝色的诗
吻着海浪花
蓝色的风
牵引蓝色的梦想
——飞翔

喂养一匹马

我用清风明月
还有青草露水
喂养一匹马
这是一匹小龙马
她在我的草原
——奔腾

2014 - 02 - 01

弧形的梦

不说生命之重
我们都有会飞的灵魂

日夜兼程
那灵魂的翅膀扇动弧形的梦
划过苍穹

春，来了

春，来了
路，伸向远方
我生出翼翅
与我的人生一起飞翔
我看见小龙马在我的前方
我得追上小龙马

雨的随想

昨夜，细雨润湿了初春
又是好年成
也许有人还在细雨中纠结
比如，正待外出的农民工
家乡与异乡在他们心中纠缠不清
家乡有老父亲、老母亲
孩子成了留守儿童
异乡正等待他们用汗水打拼

万马奔腾,梦还在

中午
阳光下,雪还在飞
北风一直在吹
你看——
万马奔腾,梦还在
只是不知春的到来

我爱雪

飞舞的雪花
跳动的音符
天空的内容因此而丰富
宁静的雪
覆盖山川原野
大地的内涵因此而深刻
我爱雪
我爱雪的冰清玉洁

流星，闪电与烟花

流星，闪电
与年三十的火焰
离我很近
仿佛也很遥远
闪电、流星的光华
只在一瞬间
我曾收集 365 个流星与 365 个闪电
在年三十夜里追逐最高的火焰

春　雪

（一）
很多人都会情不自禁地
对你说，“爱你”。我也是
你悄悄地来，悄悄地去，无声无息
有人说你顽皮……

昨夜，我听见天上的星星在和你说话
磁性的语言，好甜美

（二）
沿着春雪逃遁的方向

寻一段杨柳岸
摘一柳枝,吹一支柳笛
等丝丝烟雨飞来
寻一首很轻很轻的诗
怀念一段旧时光

元宵的夜

风,冷冷地吹着
吹落一地哀愁
冷冷的摇晃的影子
莫非是窗前的斑竹
一些诗句感冒了
喷嚏中正驱逐零乱的词语
白梅冷冷的,红梅火热的
正开在早春的枝头
烟花升空,爆竹声声
我不想打搅她们
我只想在自己的小诗里
——冷冷的抒情

又一场雪

今晨——
山冈、原野开出了无数洁白的花
连绵一片，浩瀚如海
呵！这么多的洁白，这么多的素雅
自然平静地分享给世人，多美呀！
昨夜那无数纷飞的雪花
可是天空洒下的精灵，穿越人间的高尚

（本诗原刊于《你我她》2014 年第 1 期）

大　雪

大地沉醉于雪浪花
众生回避
尘世纯白、静谧
我的名词落座长椅
我的动词在飞
她飞行的快乐
也是我的快乐

小诗笑着向我走来

小诗游进我的海
烁烁生辉
风来了,吹动港口的旗帜
一道红霞天边飞
小诗笑着向我走来
我抱起她,拥着浪花腾飞

夜

蓝色的城门
悬挂一枝冰凉的花
这枝花在诗意的小城
纯洁着月光

夜色中,旗杆上
一只猴子的倒影忽明忽暗
初春的风探望蓝色的海洋
海水起起伏伏,意识恍恍惚惚
有天马行空,有海鸥飞翔

昨日的诗

昨日的诗
抚摸原野上的一棵草
倾听窗前的一朵花
目睹雪花长空的舞蹈
弹奏高山上欢跳的泉水
没有颓废,只有骄傲

昨日的诗
爱上我,已无可救药
在时光里,我抒情
看一棵树在风中舞蹈
听一匹马在雾中奔跑
半梦半醒间,我絮絮叨叨
只为美丽的传说
只为人间的美好

我是这个世界上最富有的

前世——
我是没有呼吸没有心跳的空气
以漫游的姿态周游尘世
因为爱,我拥抱大山,拥抱大海

拥抱整个世界。一粒佛光落到尘世
我有了心跳,有了呼吸
我落地而生,成了茫茫一片青草地

我感恩佛祖,感恩天空,感恩大地
感恩太阳,驰骋草原,喊出牛羊
我是这个世界上最富有的

小青鸟,惊喜吧

小青鸟,惊喜吧
你已来到了春天
我知道——
你是小青龙的妹妹
你们都灵巧活泼
小青龙出了龙宫
也来到了春天
这丛林,这阳光
都在列队欢迎你们
谁在那摆了一桌宴席
是招待小青鸟和小青龙的吧
听,得得得的马蹄声近了
小青龙骑着小龙马来了

2014-03-02

春天，美人鱼回来了

蔚蓝的大海
是美的
飞翔的海鸥
是美的
暮色中飘来的小舟
是美的
海中一条美人鱼
——更美
她在唱着大海的歌
我喜欢她的歌唱
深情、甜美
春天，美人鱼回来了
她带来美丽的传说

昨天晚上

昨天晚上——
一个河北网友问我：在干吗
我说：随便逛逛
他很幽默：当心迷了路
我笑了：不会的，我有指南针
其实，那会儿我正琢磨着

怎样把一棵大树放倒
让她成为河流
我可以在河流的上游泛舟

窗　外

窗外
雪花飘进了春天
有的点缀殷红的梅枝
有的留在山冈原野
那千万朵雪花纷飞时
我还在冬的边缘
我在为春天烫一壶酒
等春风秀出山青水秀的明天

宁　静

三月。阳光中,空气中
有微生命在颤动
有诗意留存

空谷中传来布谷鸟的歌声
袅袅云烟正在笔下缱绻
一支笔在时光中享受一份超然的宁静

校园之晨

朝阳染红了天空
大地深处涌动着生命之魂
校园里那一棵棵树
迎来送往一届届的学生
时光典藏绮丽的梦想，让风
浪迹江湖。让孩子绘出灿烂的人生
我的心陌上，文字凝成格桑花
绽放在高原，多么温馨

植　树

一朵朵花儿盛开
在窗前。这个清晨
阳光醉人
风，送来喜讯
云，飘来念想
脚步，让大地越来越葱郁
小树快快长大
迎来百鸟朝凤
希望沙尘卷入树下
从此远离人的内心
树下的朋友可以高谈阔论

你看,小朋友们
像一朵朵花儿盛开
在窗前。这个清晨
阳光醉人

同学相聚一天

昨天,我们
陪着远道而来的爱莲同学
吃中饭,吃晚饭
喝酒,聊天。晚上,灯光如雪
柔柔的,没有迷途的灵魂
多年的海外生活
丝毫没有改变爱莲同学的性格
同样,我们都如纯真少年
只不过岁月苍老了容颜
离别,也赋予了圣洁

三月的思绪

(一)
三月的思绪
一泻千里——
江淮的油菜花铺天盖地

远山脚下的油菜花也让人着迷
怀揣着一朵云彩
看世界。阳光如约而至
喝一杯绿茶,清爽无比
观赏着金黄的油菜、青青的麦地
踏进岁月的河流,抛去心中的魔
抱残守缺也缤纷绮丽

(二)
雨,淋湿三月的翅膀
雾,模糊三月的思绪
我在考虑为三月画一幅画
画中有——
草长莺飞,云深不知处
春江水暖鸭子嘎嘎,桃红柳绿
芸芸众生,三八妇女节的风骨

春　光

梨花开在暗夜
一闪一闪,亮晶晶的
赏心悦目,美艳
梨花是暗夜里跳跃的白色火焰
可是,暗夜再美
抵不上丽日的容颜

山花烂漫的季节
你看那雨燕在晨雾中翩跹
心中的那一抹思念，也在春光中缱绻

树

这些冬天的树
想燃烧自己
树枝伸向天空
企图接近太阳
然而，它们接了地气
春风一吹，便会返青
重新做回青春靓丽的自己

春风奏起一支曲子

桃花在沐浴
桃花水流入小溪
天堂是青葱的
在树之上
最疼的伤口落在三月
天堂里的母亲
我比以前更加怀念你

咕咕鸟的叫声此起彼伏
清明节在三月的边缘
杨柳在青青的河边
春风奏起一支曲子《思念深深》
琴弦是长长的雨丝

我侥幸路过三月的河流

诗魂
掩饰悲伤
雾
渐渐散去
阳光
飞奔而来
风
吹起我沉重的叹息
我侥幸路过三月的河流
在一只小舟上
小心翼翼地打开一本天才诗集
读着读着
发现一首诗在飞翔
《面朝大海，春暖花开》
“…… ……
给每一条河每一座山取一个温暖的名字
陌生人，我也为你祝福

愿你有一个灿烂的前程
愿你有情人终成眷属
愿你在尘世获得幸福
我只愿面朝大海，春暖花开”
诗人啦——
生活的意义，被你诗写
你把祝福送给了我们
自己却走进梦幻
选择一段铁轨放飞灵魂
诗人啦——
记得今年 3 月 26 日
我们在你的故居
忧伤地进去，忧伤地出来
3 月 26 日
我们在你的墓前
——静静默哀
那时，我们像长出了一对翅膀
与你的麦子在空中飞翔
那天，在你的故乡没有看到麦子
看到的是大片大片金黄的油菜花
开满山冈，开满原野
于是
一首首小诗在反反复复中酝酿
河流的浪花拥进我的日记
手中的诗集，深沉
纯洁、无邪

夜晚
皎洁的月亮穿透云层
清辉洒在四月的河流
梨花流淌着似灵动的星星
我发现了诗人海子的那片星空

我不知道河流的起点
我知道河流的终点是大海
我的小舟在前进
春天的河流在上涨
那千千万万颗麦子
会飞翔在河流的上空

2014－04－01

静

蜜蜂与一朵花
阳光中享受一份宁静
有幸撞上摄影师的镜头
一首诗转身
典藏了那份纯真

在屋顶之上

太阳
在屋顶之上
月亮
在屋顶之上
星星
在屋顶之上
云在飘
飘在屋顶之上
有一天,雨
落在屋顶上
有一种欢快感
洗涤着春天蓬勃的欲望

今天是清明节

做清明的人很多
我有点迷惑——
我们走过的路
是不是叫做江湖
天堂的路上
是不是也这样热闹
也有一个江湖

如果那样
天堂的亲人就不会孤独

河流(组诗)

(一)一条河流

一条河流在飞
河水奔腾不息
她没有停下来的意思
摄影师的镜头对准
一头沉默的老牛
麦子睡熟的时候
风不停地刮,雨疯狂地下
河水与欲念在膨胀
这未知的世界,这未知的诗行
清醒也罢,混沌也罢
喧闹也罢,平静也罢
疼痛也罢,快乐也罢
都随纷飞的雨流进一条河流中

(二)与河流有关

这是一条湍急的河流
此岸彼岸四季开花
此岸,那银光闪闪的石头
也许在一万年前开过花

彼岸,那淡紫色的花
暗藏经年的香,开在尘世的过往
世界似乎寂静
一叶扁舟停泊在我出生的地方
河流的上游有灵魂穿越
夜恍惚,一个少年捧起月光

(三)河流之殇

风漫舞了河流之殇
白云弥漫天堂
思念漫无边际
雨也忧伤
一条河流的疼痛
在清明节前的堤岸
一支曲子袅袅而来
仿佛来自遥远的草原、高山
似白玉兰开在尘世的过往
似樱花开在河流的梦乡
走过这条河流
很疲惫很疲惫,很悲伤很悲伤
天堂里的亲人,现在还好吗

(四)河流不孤单

河流可以穿越
你可以坐船,任思绪弥漫
河流不孤单

它有鱼群陪伴
还有岸边的杨柳、鸟鸣、野花

河流中游有一座小山
山寺的钟声
敲出清晨的金黄
微风无影无踪
大风可以掀起河流的浪花
在一段河流中,我陷入沉思
比起河流,我渺小、我虚妄
在一段河流中,一闪而过的我
很迷茫,很迷茫

(五)我无法抵达这条河流

玉兰花走进一条河流
在春天里更加圣洁
香火在山寺中缭绕
像灵魂缓缓地飞
木鱼声声翻山越岭
潜入圣洁的河流
这条河流中——
有追逐太阳的人
有追逐月亮的人
我想倾听他们的心语
可是,多年来
我无法抵达这条河流

(六)河流的拐弯处

河水不会满足平平静静
她会掀起波澜
浪花在河流的拐弯处
漩涡在河流的拐弯处
一只小舟拐来拐去
惊险留在河流的拐弯处
一只小舟有许多传奇
在颠簸中——
感受慈祥的阳光,享受如水的月光
一只小舟在拐弯处对一片落叶说
我们萍水相逢
携手走进婺源的月亮湾吧

(七)一段河流

一段河流
奏着一支欢快的曲子
唤醒了四月
于是,远山醒了
鸟儿们的合唱征服了山林
笛声从河岸飞来
停下
转而飞进山林
与笛声擦身而过的是风筝
风筝,风筝

带着油菜花的甜蜜飞行
油菜花醉在风里
醉在孩子们的情绪里
这段河流
奏着一支欢快的曲子
伴着诗魂在曲折中前行

(八)早晨河流附近的景致

一群人
奔跑在四月的河堤上
这是春天的有阳光的早晨
鸟鸣清脆
小草、柔柳、兰草、映山红
这些景致给河流增添了妩媚
河岸的不远处——
一头老牛在咀嚼青草,反刍时光
村庄在牛眼里安详

(九)风,从河流中起飞

风,从河流中起飞
潇潇洒洒
桃花在风中起飞
没有成功。我看见
她的翅膀被太阳点燃
飘入河流,燃烧,然后逝去
这是桃花的宿命

四月陷入忧伤

…… ……

今晨——

风,又一次从河流中起飞

带着桃花水的芬芳,容光焕发

(十)去四月的河流吧

露水

是星星写给大地的诗

晶莹透亮

桃花、梨花

是春天写给河流的诗

缤纷灿烂

月光

是游子写给山村的诗

深情、静美

河流

是我写给四月的诗

去四月的河流吧

我们一起泛舟、歌唱

我们还要飞翔

(十一)四月的河流

一只小舟
踏进四月的河流
顺流而下
河水有足够的时间和耐力
承载航程
风,在河流中起飞
每一次都很阳光
一只小舟试图忘掉过去
无奈,总是回头
河流的上游有山峰
无限风光啊
河岸的油菜花
铺天盖地,喧闹汹涌
我发现
四月的河流没有宁静的港湾

(十二)绿色的河流

今晨,风很大
绿色的河流有涛声
林中清脆的鸟鸣
和着绿色的心情

绿色的河流
你的孩子是空中的鹰
历经磨砺,风雨无阻

兴致勃勃，抵达黎明

绿色的河流
读你的诗，读你的波光粼粼
你的诗集就是深沉的海
今晨读你，仿佛回到了青春

桃　花

（一）
春天来了，春天来了
八面来风去接桃花
那花开的声音很美很迷人
村里的姑娘与桃花一同绽放
小伙子唱着情歌，情绪饱满
我很想走进桃花源
与陶渊明共叙诗话

（二）
三月开花，四月飘零
流水带走了这辽阔的静美
很疼，很疼

（三）
桃花感冒了

打着喷嚏
花瓣在风中凋零
落入桃花潭
这个春夜也病了
月光的影子瘦瘦的
岸上,柔柳扭一下腰
就窃走一些春光

夜　雨

夜,突降大雨
哗哗声如雷贯耳
我起床关窗户时
雨雾以加速度扑进我的呼吸
这个夜晚
雨倾诉着一片白茫茫的情绪
我的梦幻
有微风穿过湿漉漉的甘蔗林

衔着一个春天

桃花落了
油菜花不见了
田野里是一片青青的蓓蕾

过几天，桃树的枝头
也将会是青青的蓓蕾
嘿！我看见飞翔的燕子
衔着一个春天

漫步四月·与春天的约会

一首诗
漫步在四月
与春天相约，共创大业

一首诗
纷纷扬扬
洁白，仿佛《又一场雪》

一首诗
想起一段河流的风光
醉了随心所欲的游鱼

一首诗
在春夜里思念
那槐花轻柔飘下的片刻

一首诗
漫步在四月，思绪万千

暴雨过后

暴雨过后
我在寻找彩虹
北方没有
南方没有
东方没有
西方没有
云层里洒下阳光
天空好像开花了
小镇的街口飘来北方风情小巷

江　湖

街灯拉长影子
潮湿的空气弥漫一个江湖
江湖中有你,有我
还有他们
你,天马行空
我,脚踏实地
只是四月是个雨季
一片云碎在江湖

低飞的麻雀

天空堆砌着厚厚的云朵
快下雨了
麻雀在空中低飞
很久很久
我的目光也注视了很久很久
不知麻雀寻寻觅觅
为了谁,现在累不累
风的力量给予麻雀翅膀的威力
它没有风情万种的姿态
但那每一次优雅的盘旋足以让人着迷

我眼里有雾

我眼里有雾
你也是雾
我携一缕清风
走进雨季
走进你的河流
听涛声,看鱼群
我发现
河流的上游有孤舟
雨,反复弹奏着

一支幼稚的曲子
我长吁一口气
——双手合十

我轻轻为您唱一首歌

昨夜,雨中
似母亲叫了我一声乳名
我便失眠了
巨大的孤独笼罩
我便在心里默默祈祷
早晨,迷糊了一阵
腿抽筋,床在摇晃
惊醒。赶紧起床
新的一天开始了
母亲,母亲
我轻轻为您唱一首歌

没有月亮的夜晚

没有月亮的夜晚
风的呼声来自大树
听到大树沉重的呼吸
我感到了压力

内心有那么一点闪光
渗透到暗夜
在扩大，在蔓延

梨花开到了天上

梨花开到了天上
似我眼中的魔
天空
给季节一次奔跑的机会
四月
忘记明亮的色彩
转身
五月即将到来

小桥流水人家

傍晚，河岸上
那么多人徐徐漫步
看身边的芸芸众生
欣赏花草虫鱼的悠闲景致
那小桥流水，行色匆匆
蹚过时光。我在河岸
漫步，抑或奔跑

总要多看一眼
那诗意的小桥流水
前几天到朋友家去玩
他居住的小区风景优美
也有小桥流水
猛然,我就想起一群人
建筑设计工程师、建筑工人
是他们的智慧,他们的汗水
抒写了自然、古朴、有建筑美的
——小桥流水人家

安静时,我是幸福的

安静时,我是幸福的
诗句与诗句对话
感性与理性握手
思想与幽静的月光轻轻的碰撞
安静时,我是幸福的
忘记虚伪的时光

街灯邀请了星星

没有月亮的夜晚
街灯邀请了星星

雾蒙蒙
潮湿了小镇的夜空
途经花园,看小桥流水
途经超市,邂逅一副近视眼镜
深呼吸,一声招呼
唤醒记忆中的一幅风景
在流动的画卷里复活
曾经的往事,曾经的年轻

雨是四月的常客

雨是四月的常客
一次又一次的来临
一次又一次的离去
天空还是那片天空
故土还是那片故土
树林还是那片树林
河流还是那条河流
我融进雨中,不需要理由
白花花的雨是冬雪的子孙
朦胧中,我听见父亲的叹息
父亲的话语记忆犹新
“人到无求品自高”
不知这是哪位高人说的
父亲生前引用了,成了他暮年的座右铭
雨中,我站了很久很久

又见槐花香

又见槐花香
洁白的槐花
填满曾经的虚空
槐花，像雪一样
我小心翼翼地
触摸你的思想
却不能
深入你的灵魂

绿柳春燕

燕子从柔柳边纷纷起飞
精神抖擞。她们带着春天
飞往大堰河
柔柳低下头，若有所思
仿佛回味一段往事
燕子柔柳，她们都有自己的故事
你可以倾听，可以想象
河流知道她们的前世来生
风来了，多么亲切
湖水荡起涟漪，还有扑鼻的香气
青蛙停止了歌唱

柔柳在晨光中摇摆
不知昨夜的月亮去了哪里

2014－05－02

人在旅途

出发
途经
旅途劳顿,辛苦,亦喜悦
风景处,优美
高兴时的信口开河
不要信以为真,忽略一些细节
不必深究
继续出发
途经
然后抵达
直至天空云淡风轻

为诗魂燃烧

(一)

1989年3月26日傍晚
天空在燃烧
山海关的铁轨在燃烧

那是殷虹的血
那一夜，诗魂膨胀着
大地啊，抱紧你的孩子吧
一个孤独的，不被世人理解的孩子
麦子啊，你的根部
孕育着诗人的体温，诗人的热血
“亚洲铜，亚洲铜”
埋下了你的孩子
大地啊，你必须燃烧
你是一部哲思的诗集
天空啊，你必须燃烧
你的火焰一定要蔓延至大海
暮色中，海也光芒万丈

（二）
海子，他是一只鹰
穿过太阳，自由飞翔
我们无法破解他的密码
在猜测中，更加迷茫
海子，天才诗人
他为诗歌燃烧，诗魂直抵山海关

（三）
世界是波澜壮阔的海
“面朝大海，春暖花开”
海子昂着头

带着昨日的惆怅
带着今晨的微笑
从海滩经过

似是故人来

夏天来了
月亮潜入荷塘
享受温暖,享受爱,享受美
月亮本来在天空发光
是一块玉石
可是今夜
月亮是一首优美的抒情诗
月光如雪,蛙鸣如潮
青蛙在荷叶之上
月牙儿在天上
月牙儿啊,月牙儿
看见你,似是故人来

采一束康乃馨

有一种行动,叫诡异
已经留给了大雾
曾经的迷雾

来了又去，去了又来
雾里看花，水中望月
很美很美

今夜，我在雾中停住了脚步
仰望——
母亲在月亮之上
五月，采一束康乃馨
真情献给伟大的母亲

村　庄

空中的云层层叠叠
湖水泛起了涟漪
水鸟在晨风中轻歌曼舞
村庄沉浸在往事中

春天盛大的绿蔓延至夏
绿，是爱
绿，使村庄永葆青春
绿，是严寒的冬天对春的向往
面对一座座拔地而起的小城镇
村庄欣喜而忧心忡忡

夏　夜(组诗)

(一)

藏起春天
将希望植于鸟鸣
布谷声声,蛙鸣如潮
小心翼翼行走在夏夜
仿佛在季节之外

(二)

在去花园的路上
心中迷蒙
大大小小的车从我身旁疾驰而过
路旁的拾荒者
身后留下一条干净的路

(三)

撕开夜的一角
露珠儿在草尖上晶莹
萤火虫在夏夜里狂欢
一个梦追着另一个梦
五彩缤纷
我不敢靠近

（四）

又一个夏夜
小女孩自豪地告诉我
天，是她的羊角辫戳破的
我笑了——
那欢乐的雨在天地间尽情舞蹈……

（五）

暴风雨的夜晚
像极了有台风的大海
咆哮声令人恐怖
我不由自主地陷入孤独
当心远航的人们找不到灯塔

关于死

如果哪一天
知道死亡快要降临
挥一挥手
与诗歌告别
珍藏油菜花的清香
传递离别的信息
像那油菜子榨出的油
悠悠飘香

死亡必须是自然的
宁静的
灵魂必须是纯洁的
高尚的
像那一季的花草
像那来来去去的风
尘世走一趟,如作客他乡
死也潇潇洒洒

纪念卧夫

——诗歌记住了这一天,2014 年的母亲节,诗人卧夫仙逝。

不再关注形而上,形而下
寻一处幽静,闭眼,坐禅
直至筋疲力尽,躺在大山怀中
——灵魂升空

你在诗歌史上一闪而过
——逃避?圣洁?还是空灵?

三言两语

昨夜，一种声音在耳边
仿佛又十分遥远
“雅，是古诗
俗，是现代诗”
我感觉有点以偏概全
无病呻吟的诗当然俗
生活中的浪花涌进诗中
那是激情
生活庸俗吗？
那么，你比生活高雅吗？

红高粱

世界是红高粱
火红的神话在月亮之上
天人合一的村庄
敦朴厚重的文化

还有梦中的爱人
在黑夜中仰望
一缕清香从风中经过
正奔向海滩

山村,在行走

山村,在行走
她在田野中停下
庄稼只是低头微笑
她在山林中停下
山花只是一季的浪漫
山村,在行走
空而疲乏
空巢老人,留守儿童
守护新时代的村庄

一些风越过山寺
吹疼城市的风景树,沙沙作响
山村,在行走
她看到城里的人陆续来到村庄
他们收集村庄的土地
种植药材,种庄稼
山村,在行走
走向了集镇规划
整齐的楼房,宽敞的街道
呵！山村有了城市的模样

还天空以空空

昨天的天气真闷热
闷得心慌
闷得天昏地暗
今晨就下雨了
还天空以空空
现在,雨停了
各种鸟争先恐后起劲的叫
咕咕鸟的音量最高
大地藏起昨日的画笔
让文字与音乐起飞

童年,梦幻的秋千

童年的秋千
荡着一个梦
一梦千年
梦的边缘
一些词在风中
飞啊飞啊
飞成一首诗
停在童年的秋千上
等待

苹果园(组诗)

苹果园
在村庄的远处
苹果树下
有姑娘们的梦境
在我的心里,苹果园
涂满汗水
我在呼喊,像那蛇
引颈,朝上

《青苹果,红苹果》之一

早晨
青苹果在风中摇曳
晌午
阳光下,一些苹果在蜕变
黄昏
青苹果改头换面
红红的挂在枝头
格外腼腆
青苹果,红苹果
生命如此明艳

《青苹果、红苹果》之二

苹果树下

一种声音还在
饱含着智慧、善良
青苹果、红苹果
如季节,短暂而绵长
红苹果,那是经历
那是阳光雨露后的思想果实

《青苹果、红苹果》之三

今天,我要把诗歌看成苹果园
我就是园丁。我写青苹果、红苹果
孩子路过,我要看他们怎样去采摘
姿势如何不重要,只要快乐
当青鸟飞过,当燕子飞过,当鹰飞过
我依然安静地守护着我的青苹果、红苹果

夜

村口有
一小片夜色
用月光点燃
一个梦
咬住村庄的夜

五月的诗歌

五月,湍急的河流
有海风穿过
芦苇荡,绿意跌宕
我在河流的上游
拥抱虚无
我的词语陷入炎热
五月,柳絮飘散在风中
一头老牛安详地望着远方
晚霞中,顽皮的儿童扑蝶嬉戏
有虫鸣伴着鸟儿清脆的歌声
这是五月的黄昏
这是田间的抒情

端　午

汨罗江的涛声
越来越近
忧伤的河流
有沧浪之水的回声
有令人窒息的漩涡
当年,屈子那纵身一跃
成了孤帆远影

今年的端午
我想沾上汨罗江的水
画一幅屈子挺拔的身躯
我要面对汨罗江
弹一曲《端午竞舟》

麦子，约我去踏青

麦子
约我去踏青
我
约麦子去山顶
观瀑布
看雄鹰

转眼
已到六月
艾草飘香
麦子熟了
与文字一起飞翔的
好像不是麦子

2014－06－02

早　晨

晨光静谧
顷刻，阳光无声流淌
阳光下
一种草木生成许许多多的太阳花
晶莹透亮
醉！此刻，不需要隐喻

邂逅一场雾

邂逅一场雾
潮湿了头发，潮湿了心
还有一些潮湿被夜莺带到夜空
像是早已预谋
雾拥着雾，在扩散
这场迷雾威胁着意境

雾里看花终隔一层
雾分子中有我的一份宁静
我置身其中，寻思着
把雾一样的情思抛进风中

乡　村

麦子黄了，收入囊中
油菜又一次飘香
香味从油坊里纷纷挤出
上天入地。风平浪静时
登山远眺，远方成了浮云
——若隐若现
仰望，天空暗藏闪电
不知何时电闪雷鸣

周末，走进母校三河初中

题记：周日走进母校三河初中，收获很大，感慨颇多。校园环境优美，校园文化翰墨飘香，一位老同学是母校的骨干教师，他告诉我，学校文学社社长是他们的校长，他们学校每周星期一早读是中华诵读。

站在母校的校园，感觉
亲切温暖，校园如诗般优美
幢幢校舍，高低错落
与花草树木融为一体
“西乡苑”五彩缤纷

翰墨飘香,耐人寻味
《三河》校刊精彩纷呈
稚嫩的书画作品烁烁生辉
母校是一本书
封面清新、浓绿、纯美
书中内涵丰富
泼墨者无悔、自信、洒脱
我在静静地读着
文字中
有逗号的平淡
有问号的困惑
也有省略号令人思索
更有感叹号让人激动,催人奋进
母校是一本书
泼墨者,刚开始写的时候
着实有些艰难,写着写着
渐入佳境
那里有无怨无悔的中国梦
我的母校
正如葡萄园
收获的季节多么甜美

我爱这土地

我脚下的土地
有高山,有江河湖海
“高山流水天上来,
奔流到海不复回”
我只是一粒沙尘
飞起来,不管飞得多高
还要回归土地
我爱这片土地
肥沃也好,贫贱也罢
她养育了一代代江淮儿女
在电闪雷鸣中
我发现江淮大地
孕育着希望

我把梦还原成诗

夜
那么多人的梦
在尘世飞舞
不知能否相遇

我的梦

飞到了月亮之上
有些微凉
闪电划开了梦的伤口

雨
落在下半夜
一个个潮湿的梦
坠落夜幕

我把梦还原成诗
在朝阳中诵读

中午的时光

中午的时光
酷暑伴着一个人的宁静
童年的河流、少年的河流
似轻音乐,我在聆听
我的身边是中年的河流
有时平缓,有时安静,有时汹涌
如果,我不回头
怎能有美酒伴月光澄明
曾几何时
细数满天星斗,有浮云漫游
银河怀揣赤子之心

中午的时光
酷暑伴着一个人的宁静

紫韵情怀,梦中那片薰衣草

薰衣草的传说
美丽、神奇
梦中的那片薰衣草
紫色的诱惑,紫色的魅力
曾经置身于那片薰衣草
握着浪漫,传递信息
怀念那一份紫韵情怀
用笔写下爱,一生一世

别把诗举得太高

五月的石榴花,似一群人
举着火把,把夜色辉煌
六月,红红的果实
挂在枝头,如诗如画。
不知谁在那里高声说话:
"别把诗举得太高
她只是一种情愫,一份淡雅"
喜鹊不理会,仍然叽叽喳喳

一种神秘的花香

风中传递着
一种神秘的花香
浩浩荡荡,这香有氧气
滋养着岁月的匆忙
多少疲惫,多少心伤
几多困惑,几多希望
一一融进清新自然的绿水青山
朦胧中,我看到了香火缭绕的佛塔

父 亲

晚风中
樟树抖落一地碎瓷
父亲从月光中走来
步履蹒跚
…… ……
此时,我想哭
为父亲曾经的神采奕奕
为我在尘世的伤痕累累

叙　旧

叙旧
对于相遇的两朵云
旧,意味着曾经的清纯
新,是世故,也是新韵
夜晚的伤痕,醒过来
便是黎明的皱纹

绵绵细雨

绵绵细雨遏制了夏之火焰
草更绿了,诗是透明的玻璃

黄鹂飞翔着
有些执着,有些顽皮

花丛中
蝴蝶相互追逐、嬉戏

湖水泛着涟漪,鱼儿畅游
一种愉悦,一种神秘

雨雾冰凉,我一阵阵咳嗽
一阵阵喘息,心情潮湿

又是一个绵绵的雨季

雨,不停地下
又是一个绵绵的雨季
风已飘向远方
夏天的色彩纷纷入世
金黄、火红、纯白
深绿、瓦蓝、淡紫……

河岸,那个潮湿的背影
一直想走出这个雨季

我眼睛的湖

我眼睛的湖
莲花开得正欢
莲姑娘悠悠地摇着小船
缓缓向前,湖面泛起波纹
风在津津有味地数着
一圈、两圈、三圈……
那是时光的年轮在荡漾

一支歌飞出我眼睛的湖
在大海,成为壮观的海浪花

那一夜

把夏天收起,然后展开
深绿,还是深绿
一个纯纯的梦推开夜空
刹那间,电闪雷鸣
星星躲起来了,月亮也串门去了
黑漆漆的天空只有雨做的云
这些云在短暂的忧伤后,倾盆而下
那一夜,她是一个怀揣光明的人

在湖边

我遇上一个少年
他站在湖边,看着湖面发呆

无风,晚霞满天
湖面偶尔有几只水鸟飞过

我在远处注视着他
希望他尽快离开湖边

不一会儿,他回过头
迈着轻盈的步子

哼着歌儿走了

我心里的一块石头落了地
这是高考后的一天
在湖边,我遇到了一个阳光男孩

因为爱

森林里
两只蜗牛动作多危险啊
他们站在樱桃梗上卿卿我我
此刻,河流安静下来
喜鹊们奔跑着传递喜讯
因为蜗牛的爱情
风忙着收集四面八方的鸟鸣

2014 - 07 - 13

我喜欢静

昨天下午,
一个网络朋友问我
你看世界杯吗
我说:以前看,现在偶尔看
他很兴奋:我坚持看,点燃激情

人不能没有激情

他说得对。可是,我喜欢静
在静中过滤浅薄,沉淀浮躁

七　月

握着笔,正如握着一粒种子
几多温柔,几多当心,几多希望

七月,云层很低,雨很潇洒
我敲打着键盘
七月的灵感成了莫名伤感

夏日深

夏日深
炽烈的阳光,灰色的心情
没有风的清晨拿什么去抚慰文字

一只小舟颠簸在夏日的河流
仰望,天空依旧蔚蓝
而河流此时倾听鸟鸣
思绪蓝蓝,心情翠绿
小舟适合在蓝蓝的河流中疗伤

你

你不在江湖已经很久了,你
已走进一片开阔地
无论云聚云散,无论季节轮回
你
忘情地爱着自然的山川河流

清晨,你插上了翅膀
与鹰结伴同行
蓦然回首,你发现
荷花溢出清香,随风漂流

晚安! 这就晚安了?

雷声滚落了鸟鸣
一声声叹息跌落
雨,倾盆而下
蝉儿停止了呐喊
晚安!
这就晚安了?
想起——
六月,风吹麦浪
骄阳下

我看见了飞翔
那是诗的翅膀安在鹰的翅膀之上
我的诗今天得到了你的肯定
真的很感动
如果你说的是真心话
何不下笔为我留下笔墨
鼓励鼓励我
你说的
“你的精短诗作别具一番韵味，
要比那些所谓诗人的无病呻吟之作好。”
其实，我的那些飞来飞去的文字，像雾像风，
希望更像诗
虚拟的是网络，我们是真实的人
我走进文字，我走进虚拟
希望你真诚泼墨，我接受远方的远方的文字洗礼

听　荷

静静的，静静的
全神贯注地听荷
荷花只开了一半
这个夏夜就沦陷了
花开的声音多美呀
婉转，悠扬
在水中疾行，在风中弥散

宁　静

宁静是多么美,亦如那静静的碧绿的湖
不知她怎么就这样走进了这幅画
湖岸树荫下,芳草怡人
时光的眼睛掉进湖里,忽左忽右,开出莲花
有一些词在湖面上疾飞,告诉她云淡风轻的含意
她似轻凌竹叶,安静地守着湖畔

在江湖

一棵种子,来自风中
落地而生
长成一棵高大的柳树
七月,浓荫下
歇息一群走江湖的人
我坐在其中,手捧一本诗集
穿越时空。有一个从南方来的诗人
接过我手中的那本诗集
饶有兴趣地看着
此时,有一小舟泊在远处的湖
我的眼睛停在湖面
鱼儿都打盹了,荷花微微笑
一缕青烟袅袅升腾

七月荡着小舟

雨过天晴
火红的太阳跃上山顶
原野上的草又绿了几分
不知名的鸟叫声妩媚了这个早晨
昨夜的雨中,河流的左耳受了重伤
七月忧心忡忡
所幸,河流的转弯处
浪花收到来自云端的问候
七月荡着小舟
双手合十,很虔诚

七夕,我走近你的河流

七夕,我走近你的河流
那是我敬仰的一条河流
有千帆竞发,有鹰飞翔
岸边鸟鸣清脆,杨柳依依
微微的风跟随我
河流风景优美,我深深陶醉

2014 - 08 - 01

烈日下

绿在闪光
蝉儿的叫声凄惨
我疲惫的耳朵
怎能容纳这无边的热浪
闭上眼睛,片刻的宁静
一丝风自北向南

立秋随感

八月,一段河流的拐弯处
北风起,雷雨交加
风雨过后,云开月朗
倾听潺潺的小桥流水
和灿烂的鸟鸣
感觉厚重敦实的秋已至
秋在空中飞舞
秋在旷野上疾驰
秋在水中倒立
秋,掀起苹果红红的盖头
秋在蝉声里感慨万千
初秋的湖面清澈如镜
倒影中
有蓝蓝的天空,云淡风轻

随　笔

一颗星，在夜空
明亮，智慧
看着看着，眼睛渐渐湿润
想起昨天下午
在同学群遇见一位中学同学
当年的班长，现在的大学教授
他很谦虚，刚刚从家乡看望父母回城
我感觉他也是一颗明亮、智慧的星星
他热爱生活，事业有成
孝敬父母，疼爱老婆，工作之余兼做家务
我又感觉他是重金属掷地有声

太阳花

太阳花在阳光中
缄默

她是一部诗集
耐心地等待夜

当夜风翻开一页又一页
有蓝色的火焰穿越

等

绵绵的秋雨不能释怀
雨中的落叶飘进河流
随波逐流
纷繁的世界
简单的事可以复杂
复杂的事可以简单
等,在秋雨中
捡拾一些旧情绪
纪念单纯

九月,归校的孩子

九月,归校的孩子
我们在为你歌唱
尽管雨一直在下

九月,归校的孩子
谁在为你们撑着雨伞?
你瞧——
我失恋的诗歌又回来了
雨天,我们都没有影子
神奇吧

九月,归校的孩子
我们在为你歌唱
唱一夜的风雨迎接阳光

2014 - 09 - 02

秋色真美

秋色真美
石榴挂在仲秋的枝头
有的咧开嘴笑了
风带走了笑声

阳光下,小鸟鸣声清脆
我的影子正虔诚地向秋天鞠躬

秋的叹息

秋的叹息
穿越沧桑,惊了寒蝉

秋的叹息
在红尘中恋上梅枝
等一场雪,开成梅花

一片落叶

一片落叶落在野菊花上
成了湖中的倒影
落叶似乎找到了知音
显得格外高兴
野菊花也笑容可掬
他们都是大地的儿女
回归土地,就是幸福

画　秋

落叶似黄金点缀大地
小草青翠欲滴

一把伞撑起一片蓝天
……明媚

一堵墙见证岁月
走进历史

仲　秋

仲秋
你悄悄地来了，雨在吻你
很深很深的吻，绵绵的
仲秋，我在你的影子里
绕来绕去，怎么也走不出精彩
空中仿佛有寒霜降下
这个秋夜，我加上一件马甲

中秋夜的雨

风轻轻吹
桂花、月饼飘香
雨湿了中秋夜
听雨，沙沙沙
听雨，哗哗哗
…… ……

沙沙沙，哗哗哗
哗哗哗，沙沙沙
…… ……
这雨由小而大，又由大而小
听雨，没有愁绪
只有雨中花欢快地流淌

雁与鸽子

鸽哨在秋风中嘹亮
北归的雁
飞出一片蓝天
曾记起——
柳絮纷飞，迎来莺歌燕舞
麦苗青青，铺开一季的心事
烟雨迷蒙，渔歌唱晚
那时的雁踌躇满志
把春天靓丽

如今的雁，如今的鸽子
正展翅飞翔
在熟悉的天空把和平赞颂

走进夜

无风，微凉
荷，在静秋中伫立
天色向往
挥手将内心的不安
驱散
慢慢的

一半宁静
一半期盼……

夜斜倚在
某些微妙的声音里
摇晃

叶，我爱你

初春，你从树枝上跃出
蹭蹭蹭，冒出嫩嫩的鹅黄
于是，你蹒跚学步
一二三，一二三
你绿莹莹的，笑盈盈的
慢慢长大，慢慢成熟
以浓荫奉献给夏季

你历经沧桑
由绿变黄，抑或变红
在秋季，轻灵地飘起
又壮观地落下，归于大地
在这个飘忽的季节
我庄重地对你说——
叶，我爱你

我如莲

燃烧的枫叶
燃烧的秋天
很美,很美
天空喷出火焰
心中长出一朵莲花
很安静。我如莲

晨

雾气作客山村
山寺的钟声
敲出山谷的幽静
空空
一缕蓝色的炊烟
在朝阳中与雾一起升腾

那是他吗?

那是他吗?
他的故事好似天方夜谭
我全神贯注地听完

只能用一个词概括:天赋
他曾经作为天之骄子
有一段惊人的传奇
他轻盈的思绪,是文学的翅膀
他说诗要写出味,足以让我们琢磨体会
他的进行曲是博大精深的中医
在爱的和弦上奔放
海是他的,天空是他的
舞台是他的。影子属于我们

无　题

空中的雁
有没有猎物
我很迷惑
晚秋的风,迷离质朴
轻抚松鹤。我感觉
夜有馨香,也有痛苦

枫　叶

面对岁月,由绿而红
飞翔时,期待天空的蓝
终被秋风秋雨埋葬

那一闪而过的火焰
是秋的灵魂在闪光

2014－10－05

叹

月光飞来
带着深秋的寒气
这个季节,枫叶红了
像血气方刚的小伙子
不知月光有没有正气
不知枫叶有没有诗意

远行的风筝

风筝越飘越远
我不再拽着它
任由它飞翔
它不再有牵挂
我也不再有太多的幻想

秋

秋
融进红叶,历经沧桑
在一个有红月亮的夜晚
独自伤感

随　笔

枫叶红了
在晚秋的深处
有昨夜红月亮相伴,感觉温馨
问红叶:你有几多惆怅,几多期盼,几多怀念,
几多幸福

幻觉中——

旷野中
一匹马飞奔而来
那是一匹白马
像她的左乳
另一匹马呼啸而来
那也是一匹白马

像她的右乳
野草寂寂茫茫
幻觉中——
草原成群的牛羊
飞上山峰

无　题

夜,秋月轻敲门窗
晨,秋云满腹愁肠
午后,小镇的欲望咆哮着
越过天空的蓝
山上红叶飘飘
天使的梦甜美而温暖

秋天的故事

秋天的故事,古老而年轻
雨后,天空干干净净
落叶红红火火
她走在仲秋,心似明镜
总想给你一个惊喜
结果,你也给了她一个惊喜
浪漫的,古里古怪的

像孩子般的惊喜
于是,秋天藏起精彩的故事
甜美而安谧

静静的

(一)
静静地注视
静静的遥望
静静的怀想
静静的期待
梦轻轻地飞起来
我也不知道她飞向哪儿了

(二)
一些云
你追我赶,向远方飘去
不知她为何牵挂着远方

路旁,野菊花在静静地开放
我静静地听着花开的声音
很专注,很专注

秋的倒影

阳光懒洋洋的
月光依旧狡黠
河水缓缓地流着
无风的湖面如镜
天空为她增添色彩
日出、晚霞，明月、星星
还有云彩的飞奔
小鸟飞过湖面，有影子闪过
我注视湖面自己的倒影
觉得秋也有独特的美
想到春天、夏天
还有一个洁白美好的冬天
心中甚是喜悦

分裂症

我在每一条河流边都栽一棵榕树
鸟儿聚集在树上
就让她们欣赏——
涓涓的溪流、腾飞的浪花吧
有一天
你的灵魂附在一只小鸟的翅膀上

你是喜欢静听，还是欣赏飞翔
有一天
诗人的灵魂都附在鸟儿的翅膀上
那会是怎样的狂欢

听　雨

晨。我在听雨
听蓝了一池秋雨
绵绵的，缓缓流动的秋雨
在乡村，这是及时雨

雨携带天空的蓝，相逢在十月
这雨也会绕城一周，流向郊外的
雨悠悠，思悠悠，情悠悠

三言两语

一颗心，在俗世易受伤
历经坎坷，仍是一颗红亮的心
一颗星，在天空亮晶晶
千回百转，也没能把俗世看清

曙　光

湖越来越小
城市越来越大
夜半时,心湖
映着一个弯弯的月亮
在这个宽大明亮的世界上
一切的一切正沐浴着黎明的曙光

意　识

梦中的雪,飘着
好美
落在原野,落满山冈
山冈上融化的雪
以及没有融化的雪
汇入河流
那腾飞的浪花
迫使河流让道
…… ……
赶快醒来
去十月的河流,阻挡
落叶的流逝
河流,从不回头
只有时光在岸边祈祷

随　笔

喜欢诗
好比流浪
流浪的滋味很美
似微风徜徉
在远方,偶尔心动
也只能涂抹异地风光
我们的乡村有最美的图画
一辈子也画不完

黄昏的雨

丝丝细雨,丝丝细语
去那深秋的村庄
湿润冷寂,建造黑夜

时光在追……

落叶总想飘向高处
而高处不胜寒
还是去十月的河流
寻找低谷。落叶

顺流而下,默默地流动
时光在追……

安静时

安静时,我如雪中梅
任寒风瑟瑟
安静时,我饮雪,也写诗
诗很短,没有哲思
安静时,我忘记世俗

一个安静的夜晚

冬
随河水顺流而下
秋
在河中徜徉
相遇是很美的
风会推波助澜
一个安静的夜晚
读书、写诗
会是多么潇洒

课　改

课改，一路高歌
与海浪一起腾空
专家高喊，领导支持
教师有些焦虑，却在践行中
…… ……
课改，是共和国教育的一大亮点
如小溪汇入江河湖海
途中，也有波澜
…… ……
最近，专家蓦然回首
发现，教育还是还原本真
原生态课堂才是最好的课堂

2014－11－02

影　子

阳光下的一个影子
那是上苍给予的灵魂
如今在尘世飘零

影子穿越小小的哀愁
坠入深深的峡谷

流入泛起涟漪的河流
在空灵的季节——
仰望蓝天,踽踽前行

秋 夜

野马跨秋风
林中穿行
我寄愁心与明月
天宇垂下蓝蓝的灯
照亮夜,迎接黎明

向 下

恍惚中,马不停蹄
跨越秋,向着冬
有时腾飞,有时垂直向下
想起这个季节的落叶
她永远选择向下

季节在奔跑

季节在奔跑
时光在流逝
我触摸不到
秋雾朦朦胧胧
起起伏伏,缓缓流动
那里有时光的味道
奔跑在山路
感受崎岖与坎坷
那丝丝缕缕的雾
淋湿我的头发
迷离我的眼睛
触摸我的灵魂
我依然相信
风景在那高高的山峰

立冬了

立冬了,降温了
还没下过霜
清晨醒来
脸上布满秋日的霞光
推开窗,发现远山寂静

云雾缭绕
听,风在呼喊
看,东方天空在燃烧
似年轻的孕妇生产时痛苦的模样
她要生了
她会生下一座山吗
(本诗原刊于 2014 年 12 月 18 日《安庆日报·副刊》)

枫　叶

枫叶,由绿而红
直至火红

人如树叶
叶落归根

不是所有的人如枫叶
不是所有的落叶都会归根

如果有来生,让我做你的爱人

麦子飞翔
那是在梦中
你说过,放下一切

静听花开的声音
那曾经的过往
美而静
如今,物是人非
影子恍惚,行色匆匆
海市蜃楼,升起在夜空
如果有来生,让我做你的爱人

听,空谷中已敲响禅钟
尘埃落定

随　笔

(一)
夜空,没有一只鸟
谈何飞翔
只有梦的海滩

(二)
溪水淙淙
有的奔向海洋
有的流向深潭
有的就地蒸发
所以,途经河流
一定要仰望天空

欣赏云淡风轻

(三)
冬天的马
邂逅一片海
忆起当年的悬崖勒马

(四)
云被风追逐
来到冬的天空
是多么的不幸

(五)
雾,轻盈
她在河流的上空
起舞,升腾

剪一段时光安放自己

有一个人,在河的对岸
懂你,等你
他在垂钓
他是最美的景致
呵！秋之美
剪一段时光安放自己

老家是一首诗

夜,宁静
月光柔美
风仍在吹
吹老了岁月
我的诗被岁月清洗
格外干净

想起秋天
老家的花椒
老家的石榴
老家的稻谷
还有老家田里黑黑的泥土
老家是一首诗
敦厚,纯净

写在2014年桐城诗词学会会员大会暨金秋诗词吟唱会

远古的天空
飞来星辰
留在了桐城
今天,我们看到的

没有看到的
都留在诗的河流
"回家吧!"
一声轻柔的呼唤
风一溜小跑,雨跳跃着
无论小河,还是湖面
雨雾笼罩着
成群的鸟儿从林中起飞
我以诗的纯情
将乡村小路种上浓绿

我在群里与散文家的一段对话

散文家说
逢阳光的日子
我必须冷静
因为
过会儿有冷风经过

我说
阳光很勇敢
会渗入你骨子里的

散文家说
冬天的信息

空气里注入了
我们的血脉哦
早就被它灌满

我说
春天不远了

散文家说
可是还没来

我说
多喝点酒
春天就来了
春天来了
酒醒了
诗就跟着来了
魔鬼必须让路

散文家说
我的宗教——
尝试从未遭遇的安静
就会感到,一个人,一座山
不可能依附城市的浮华和拥堵

我很赞同
一个人,一座山

安静
听一听自己
挺好

一位诗人说
下班前重读韦应物《滁州西涧》
突然有到滁州去一趟的冲动

散文家马上响应
好啊！看一看自然
听一听自己

等一场雪

雪鸟高歌着
雪的眼睛进入天空
诗的殉道者
等一场雪的轻灵

途经河流

途经河流
我是风的向导
落在诗的边缘

随风舞蹈

而河流
有莺歌燕舞
有浪花欢笑

写一首诗给早晨

东方发红
写一首诗给早晨
耳旁响起人生的感悟
健康、快乐、自信
此刻,窗前一只鸟飞过
唧唧几声,恍如冬天的眼睛

初冬之夜

(一)
初冬之夜
笛声悠悠
回旋,曼妙
穿越寂寞的长空
我静静地听
静静地想

思绪留在风中

(二)
他来了
注视我良久
他说
都苹果6了
还用那破手机
我笑了
我不会买什么苹果手机
我会买青苹果、红苹果
一年四季吃苹果
健康,纯情

我看见

天空飞着一只鹰
地上躺着一只虎
我看见
一些逝去的光阴在追风
风志在四方
小草随风
鹰不会随风
虎不会追风
猴有点神经质

趴在树上预知风向
我看见鹰飞远了
虎也消失了
风，继续向北方

重　生

成千上万的雨
死去
在昨夜
在今晨
雨，死得飘忽
她会在大地重生
她会在江河湖海重生

如果，我重生
我会让灵魂留在空中

无　题

一场雪
下在冰山
冰山上的来客
踩到你的柔软

生命
在黑夜
撑起
一把雨伞
无须表白
无须回望

人在旅途

人在旅途
带着尘埃
赏一路风景
思考着
追求着
有时静下来
触摸自己的灵魂
而灵魂游弋太空
远离尘世的浮华

就让风
带走一些欲望
还有
地地道道的旧时光

昨天的两场大雨

昨天傍晚
丝丝细雨悠然地飘过
刹那间,大雨哗哗哗
街上行人匆匆
雨中奔跑
那是孩子的专利
我仰望,我俯视
想看清雨的前世今生

忽然想起,昨天清晨
火红的天空,孕育着风暴
一场滂沱大雨
就那么不可思议地
下在了清晨八九点钟

再喊一声父亲

父亲,您离我们很远
安睡在龙眠山
有那么一天
北风起,石头滚落山下
您有没有惊醒

可听见星辰的哀叹
石头是一颗星，藏着一个传奇
风传来小城的喧嚣与繁华

坚强的老人啊
如今，我们要把您安葬在家乡的山上
风会执笔，画一幅优美的山水画
雨会弹起琵琶，悠然地奏一曲田园风光

2014－12－03

抵达蔚蓝

抵达蔚蓝
天空如此宽广
海，无垠
有船泊在海洋
思绪由岸缓缓入海
清新、明达
海中的小岛，葱绿
不知有多少诗魂游荡

如此甚好!

铁将军把门
院内盆景静好
不知主人是否静好
物以类聚,人以群分
也许,我不该来打扰
雨纷纷落下
树叶纷纷落下
如今是冬日的暖阳
转身——
烧香,悟道
如此甚好

天空并不空

谎言带着冬天的个性
以及逝去的夏天的热情
奔来。如今,无可奈何
天真,真的很天真
世间的事,很难预料
想通了,真真假假也就是空空
天真如一只猴,世故是耍猴人
此刻,仰望天空,其实天空并不空

天空生长风霜雨雪，也酝酿温暖，还有彩虹
因为天空有太阳、月亮、星星
我喜欢蓝蓝的海洋，高高的山峰
有她们虔诚的参禅，才有高高的蓝蓝的天空

十二月

时光的眼睛击碎冰
雪鸟邂逅中原的风
风过时
麦苗已郁郁葱葱

鹰击长空
划破蓝天的温情
有小雨纷纷降临
这雨，冰冷
而鹰跨越了春夏秋冬

（本诗原刊于 2014 年 12 月 18 日《安庆日报·副刊》）

仰望一场雪

在这个冬季
我常常仰望天空
好似与雪有一场约会

那洋洋洒洒的是雪的精灵
那熠熠闪闪的是我的小诗
雪,那是天空播放的音乐
诗,是我的心灵之语
雪花纷飞时
我会想起母亲
母亲如雪,母亲如诗

无　题

春风,是乡村放出的信鸽
会回来的
一些动物缩着脖子
在冬眠。北风是寒冷的兄弟
他想走进村庄的内心
而麦苗迎着北风,欢笑着
也许,一场雪即将来临

牵　念

殇落入酒杯
夜色落入酒杯
数着浸泡在酒中的几味药
灵芝、党参、何首乌

喝一口药酒,没有香味

月儿就在天空
千年来一直牵念人间
你听,谁在哭
是不是又一个灵魂有了归位

上　午

80 米大道旁
狗尾巴草摇着头,望着北风笑

阳光笑盈盈,想象中
一些词语在燃烧

我悠闲地看着一个孩童
走进一个紫色的圈子,无限美好

中　午

北风停止了叫嚣
空气中没有一个冷的词语
暖阳正当空。一些树的叶子
落下了,没有叹息,没有犹豫

我今天想访友
有点犹豫
中午时分,适合做梦
蓝蓝的天,蓝蓝的梦
蓝蓝的词语缀满枝头

寒冷中,我们期待

映山红
仿佛离我们很远
暖阳在云端
雪是冷空气赐予的
纯纯,纯纯
梅,她最懂孤寂的冬

冬天的童话神奇
与爱心同行
暖暖的家
暖暖的心
寒冷中,我们期待
漫山的映山红

梦中的脚

一只脚就躺在我身边
它醒着,在动
它很温暖,我推了推
以为是老公
“孩子,是我。”我愣住了
那是来自天堂奶奶的声音
黎明,正是梦醒时分

无　题

山冈上的石头
我理解它——
平淡的词,不平庸的生活

正如星星
挤满夜空
在我的黑夜闪烁

附录

这个夏天

这个夏天
不居住忧伤
雨
诗意挥洒
小草雨中沐浴
干净,漂亮
荷叶上
青蛙王子静静参禅

【西翔网络前沿诗评】有一种诗,篇幅不长,却空净简明。猛看,似乎空洞无物,并无具体的叙事使你铭记,也并无抒情的线路供你萦怀。但就是诗性氛围盎然,充满浓浓的诗意,美妙无比。没办法,诗的王国里就是有这么一种诗情纯粹美,以诗意的蓬勃、浓烈、无以复加的纯正取胜。

槐花飘

晨,槐花无声地飘
美！似雪
呵！林荫道上
正下着太阳雪
我猜想
昨夜的月光雪一定很美

【栖代读诗】文如其名,精美的小诗！诗小,但想象力丰富。槐花雪、太阳雪、月光雪,我已身临其境,有了在月光下沐浴槐花的感觉,有古诗《春晓》的明快。诗虽好,但是似有再挖掘的余地。

低处的芦苇

低处的芦苇
潮湿
风过之处
浩浩荡荡
多彩多姿
时而仰天长啸
——悲白发
时而俯首称臣
——叹人生
月夜,低处的芦苇
步入缥缈境地
朦胧中
舞姿优美
渐渐迷离
月色跌入芦苇的怀抱
掩映,打开
掩映,打开
…… ……
风,野趣横生
敲打着

这神秘的夜
这不安的四月
这低处质朴的芦苇

【诗人诗阁雅韵简评】远航小诗的诗，确实都很“小”，小而精致。这首是为数不多的“大”作了。

这首是网络同题，不知道发起者何人。这首小诗，如她诗里的芦苇一样，“质朴”又“迷离”。

她的状物描写，很能抓住物的原生态特征。风过时的“浩浩荡荡”，“仰”与“俯”，非常传神。而月色与芦苇之间的相互交融，也很贴合自然态。低处的芦苇，是不是我们自己的写照呢？

问候远航小诗，也祝你诗艺精进，多出佳作。

月 光

再写月光
月儿已在楼顶倾斜
我读不懂她
她也许永远读不懂我
感觉她总是那么朦胧

曾经
我携着月光,携着春风
走进花园
坐在花园的亭子里
花儿包围了我
…… ……
爸妈说我做了一个吉祥梦

从此
我对月光情有独钟
月光下
有我思想的河流
月光下
有我诗意的山峰

【诗人五柏清源的简评】远航小诗的诗，简练、秀气、抒情、内敛。《月光》这首诗读起来有美感，有回味，像走进了一片清水池。月儿读不懂她，诗人有心事啊，在流年里，在过往的岁月中，诗人走进月光，走进曾经幸福的往事，为此而陶醉，沉浸在美好中。她想起了父亲，想起那些岁月，诗人心潮澎湃，激情奔越。

后 记

本人汪梅珍,网名远航或远航小诗,生于安徽乡村,致力于乡村教育工作,乡村的山水孕育了远航。远航喜欢文字,在文字中行走写意,在诗意中感受生活。远航的小诗一直在路上,出发,途径河流,梦想抵达诗意的河流。远航热爱祖国,热爱人民,热爱大自然,热爱乡村;远航喜欢天空,喜欢云淡风轻,喜欢静静的蓝。远航脚踏实地,一直在前行,远航的小诗很小很小,远航的小诗自然纯真。

《远航小诗集》(第一部)是一本个人诗集,主要是本人近四年(2011－2014)在新浪博客所写的日志。奉献给大家本人小诗在新浪博客有一定的影响力,已成为新浪博客最大的网刊《网络诗选》诗歌创作委员会会员,受到苗雨时老师、西翔老师等两位诗评家的关注,并为其写评。本人散文、微小说、报告文字,小诗散见于《你我她》《大众诗书画》《合肥晚报》《新安晚报》《安庆日报》《文学月刊》《中华风》等其他报刊,也有诸多作品被网刊选登、网络转载。

本书主要收录的是生活小诗,也有网络同题,看图作文,全书以日记形式按顺序排列,分为四卷,卷一:诗的诱惑;卷二:寻梦人轻吟浅唱;卷三:静静的蓝;卷四:河流的拐弯处。其实书中所写小诗都有日期,但为了方便,仅在某月写诗的第一天加注日期,同时在少数小诗后标注曾发表的报刊。

如今,远航就要出一本诗集了。远航真诚地感谢新浪博客为我们提供了学习交流平台！远航真诚感谢在新浪博客邂逅的良师益友，是他们鼓励我、陪伴我走过了不平凡的博客岁月；远航真诚感谢帮助过我并为我写诗评的苗雨时老师、西翔老师、逯武君老师、栖代老师、诗阁雅韵老师、五柏清源老师、路曈老师；远航真诚感谢支持过我的操鹏老师、霍才元老师、瑭镜老师、风递音笛老师以及我的老同学、老朋友、新朋友；同时我也要真诚地感谢安徽师范大学陈九如教授、安徽师范大学出版社的房国贵老师和郭行洲老师，他们为此书的顺利出版付出了辛勤的汗水！同时也要感谢老公及其家人的大力支持！

阳春布德泽，万物生光辉。在此，远航衷心地感恩各位老师为我付出的努力。我将继续在文字的海洋里扬帆前行。